JN168114

そして

谷川俊太郎 自選詩集

下田昌克 絵

JUNIOR POEM SERIES

まえがき

詩が読みたくなるとき、詩が書きたくなるとき、私たちは日々の生活で感じている苦しいこと、悲しいことを心の中にためこんでおかないで、言葉で解放しよう、言葉で美しいもの、楽しいものに変換しようとしているのではないでしょうか。詩の言葉は、政治の言葉、経済の言葉、もしかすると教育の言葉とも同じ日本語でありながら、少々違う言葉なのです。

教室では詩は教科書にのっていますから、ほかの科目と同じように〈勉強〉して理解しなければならないものかもしれません。でも教室の外では詩は教科書ではなく、きれいな装丁の詩集にのっていますから、〈勉強〉する必要はないのです。理解できなくても、読んで味わって楽しめばいいのです。

分からない詩、ぴんとこない詩はひとまずおいておいて、どこか

心にひっかかる詩、何故《なぜ》かもう一度読みたくなる詩を見つけること、そこに広くて深い詩の世界への入り口があります。

一九八〇年にジュニア・ポエム双書の一冊として、選詩集『地球へのピクニック』が刊行されてから、ずいぶん時が経ちました。その後出版された私の詩集から、一冊に一篇ずつ選んでこの『そして』ができました。詩集は小説などとは違って、始めからページを追って読むよりも、一篇一篇を気が向くままに読むほうが楽しいと思います。

初めて読んで一目《ひと》ぼれする詩もあるし、何度も読み返しているうちに、じわじわ心にしみてくる詩もあるでしょう。地球上の生物が多様なように、詩も多様です。たとえひとつでも好きな詩に出会えたら、それはもしかするとあなたの運命を変えることにつながるかもしれません。

もくじ

そっとうた 6
すきとおる 8
きもちのふかみに —*a song*— 10
はくしゃくふじん 14
よげん 16
天使、まだ手探りしている *Engel, tastend 1939*——2 18
なつのゆきだるま 20
黄金の魚 *Der Goldfish 1925* 22
がっこう 24
ミライノコドモ 26
そして 30
未来《みらい》へ 32
泣いているきみ 少年9 34
ゆれる 36
捨てたい 38

自販機　40
ダイアモンドは雨のしずく　42
機械ヨ　44
成人の日に　46
そのかみのかぜ　50
夜のラジオ　52
このカヴァティーナを　54
旅　6 *Oabu*　56
地球の客　58
その日　*August 6*　60
空　62
五月のうた　64
放課後　66
いまここにいないあなたへ　68

そっとうた

そうっと　そっと
うさぎの　せなかに
ゆきふるように

そうっと　そっと
たんぽぽ　わたげが
そらとぶように

そうっと　そっと
こだまが　たにまに
きえさるように

そうっと　そっと
ひみつを　みみに
ささやくように

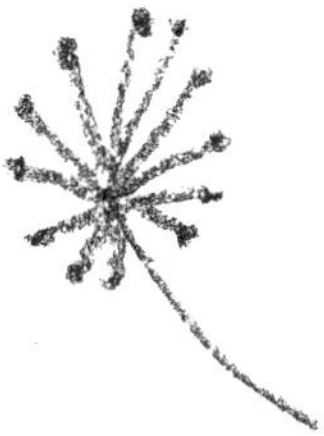

すきとおる

すきとおっていたい
いろんないろに
むかしむかしのがらすのように
わたしにすかすと
ゆきはほのかにあかくそまる
わたしにすかすと
ひとはすこしあおざめる

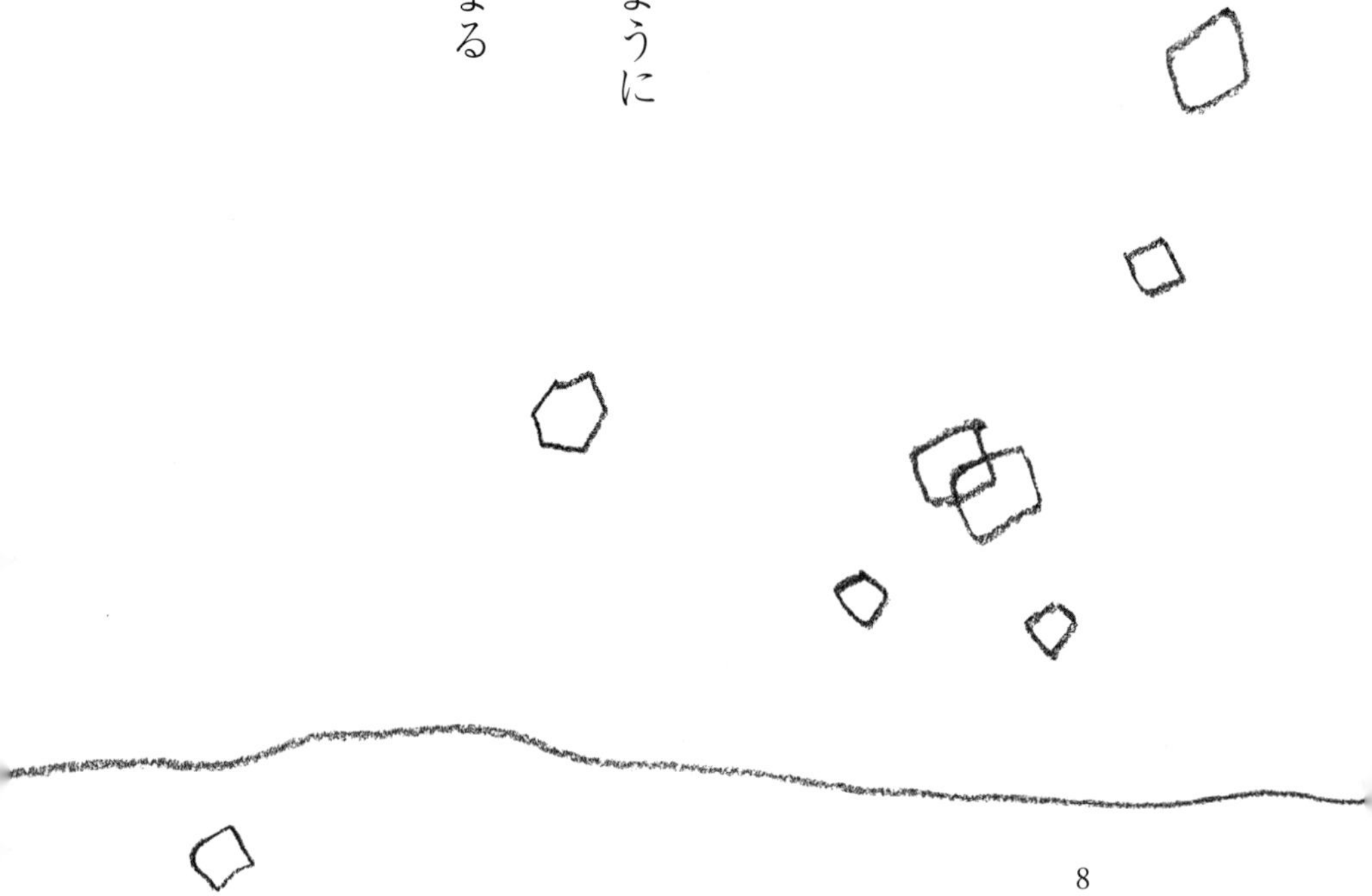

でもかぜはわたしにぶつかって
まだあったことのないこいびとのほうへ
わたしのにおいをはこんでゆく
そしてよるがきたら
おほしさまにすけていたい
ゆめのなかにとけてゆきたい

きもちのふかみに

— *a song* —

おとなのはなしをきくのがすきだ
じぶんのぐちにひとのわるくち
だれとだれとがくっついたとか
ぼうえきくろじがどうとかこうとか
なにがだいじかよくわからないけど
はなせばらくになるみたいだね

ぼくのはなしもきいてほしいな
おとなみたいにはなせないけど
やなことばかりがいっぱいなんだ
あそぶものにはこまってないけど
きょういきるだけであしたがないよ
どうしてなのかおしえてほしい

きもちのふかみにおりていきたい
そこにはにじもほしもないから
かえってこえはよくきこえるんだ
まっくらのなかでじっとしてると
おとなもこどももきっとおんなじ
こわいこともたのしいことも

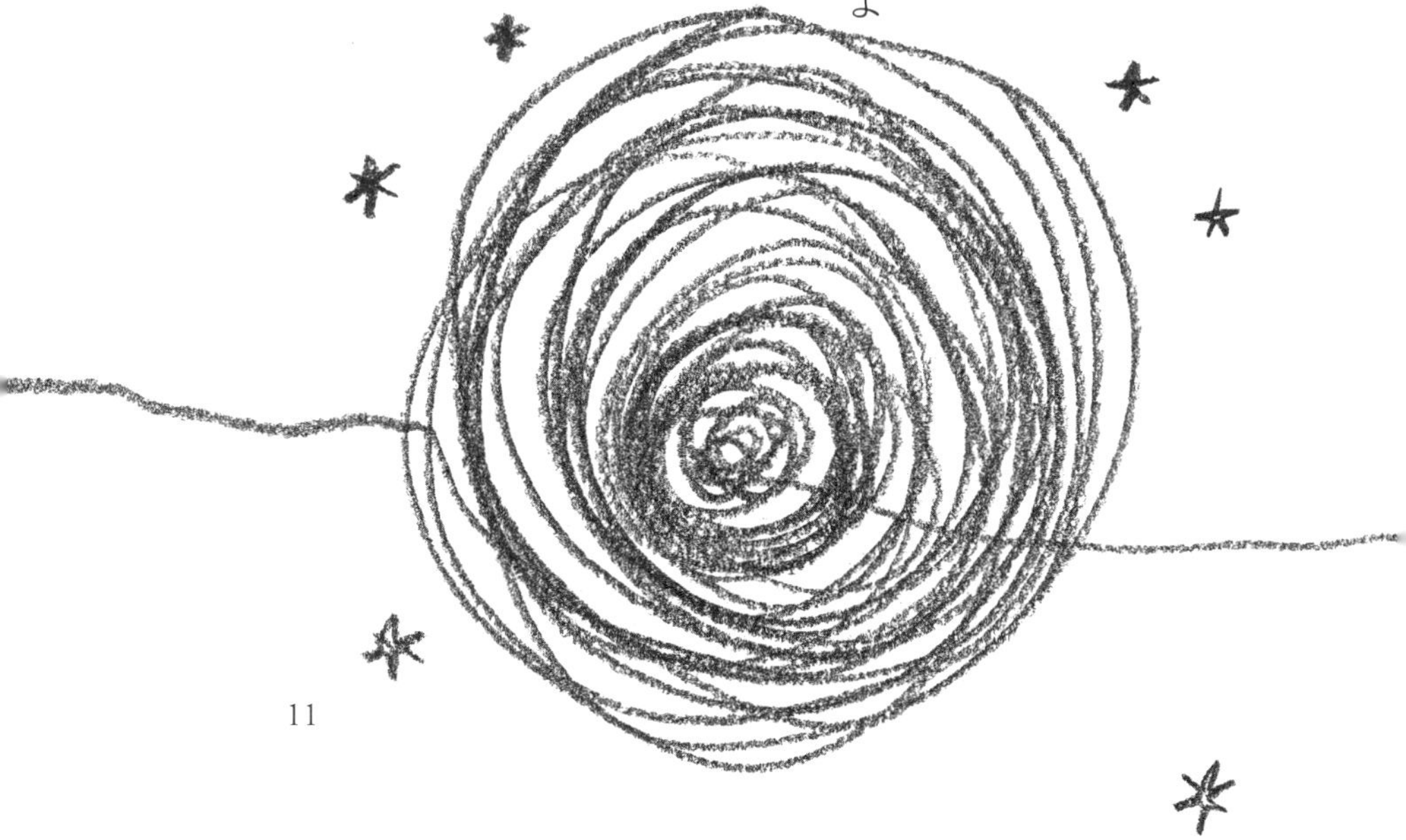

いつしんだってかまわないんだ
だけどできたらいきていきたい
かみさまなんていないんだから
ともだちだけはほしいとおもう
はなしをきいてくれるともだち
てをにぎっててくれるともだち

きもちのふかみにおりていこうよ
せんせいとおやとぼくときみと
めにはなんにもみえないとしても
きっとなにかがきこえてくるよ
ほんにはけっしてかいてないこと
うたがはじまるまえのしずけさ

はくしゃくふじん

なんにもしないで　いようとおもって
おかねもちの　はくしゃくふじんは
めしつかいを　よんだ
なにもかもおまえがやっておくれ　といって
はくしゃくふじんは　いすにすわったが
いすにすわれば　いすにすわっていて
なんにもしないことには　ならなかった

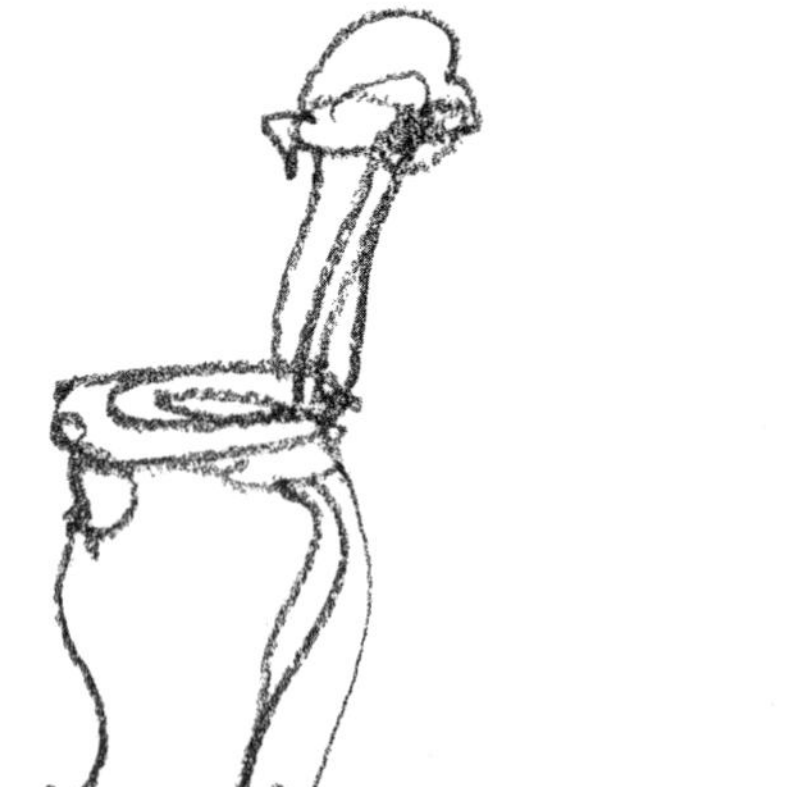

たちあがると　はくしゃくふじんはたっていた
よこになると　よこになっていた
ぼんやりすると　ぼんやりしていた
なんにもしないのが　とてもむずかしいので
めしつかいをよんで　ふじんはいった
なにもしたくないから
なにをすればいいか　かんがえておくれ

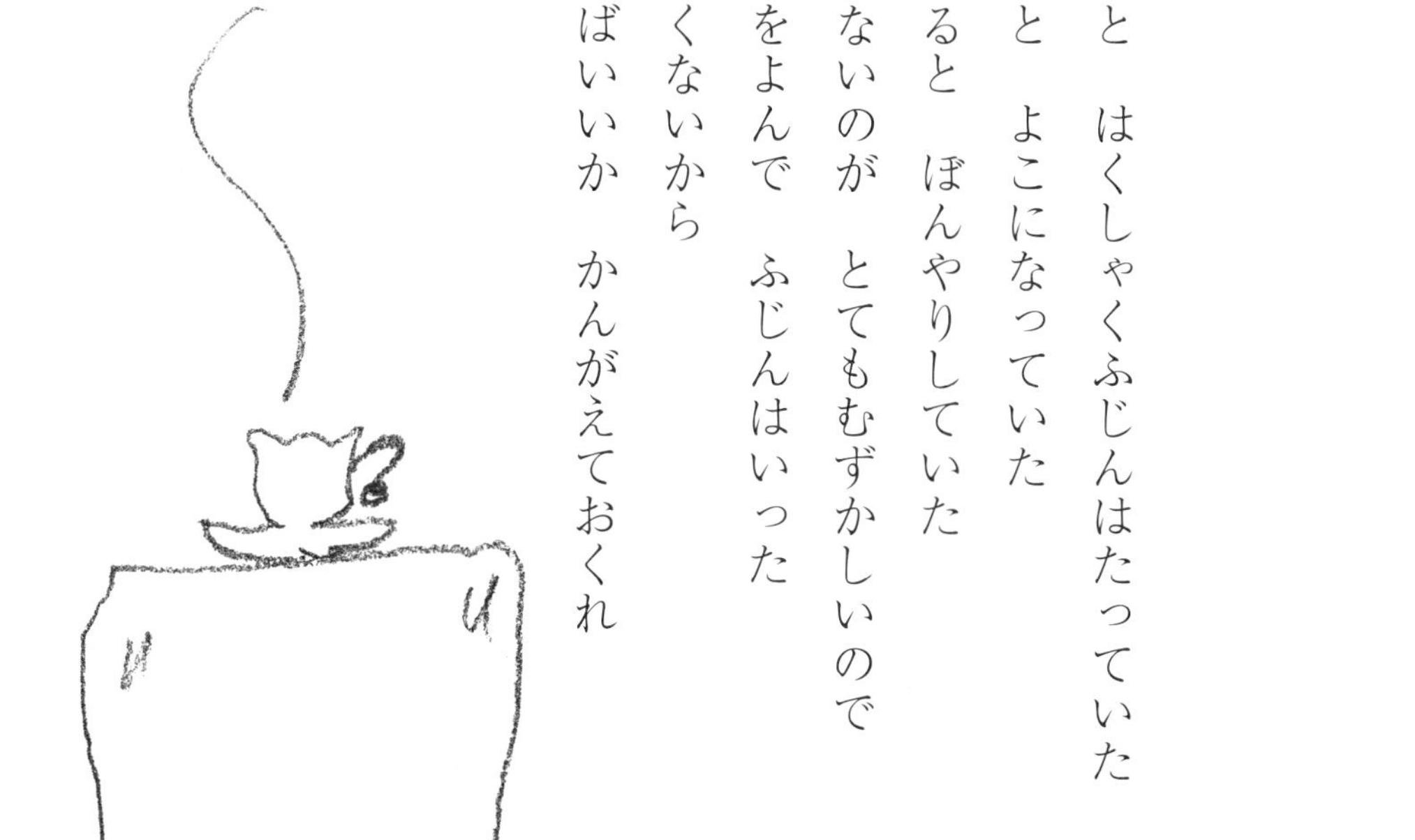

よげん

きはきられるだろう
くさはかられるだろう
むしはおわれ
けものはほふられ
うみはうめたてられ
まちはあてどなくひろがり
こどもらはてなずけられるだろう

そらはけがされるだろう
つちはけずられるだろう

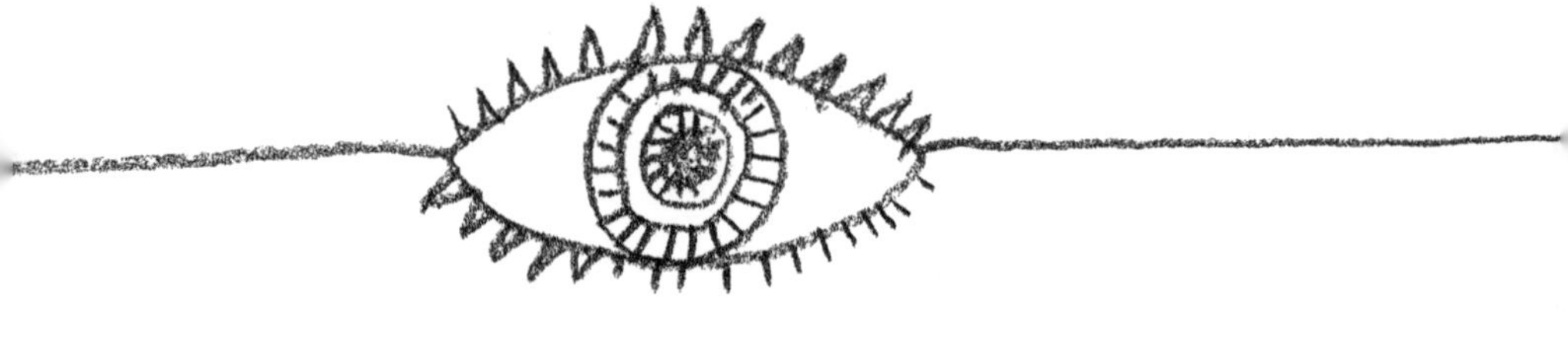

やまはくずれ
かわはかくされ
みちはからみあい
ひはいよいよもえさかり
とりははねをむしられるだろう

そしてなおひとはいきるだろう
かたりつづけることばにまどわされ
いろあざやかなまぼろしにめをくらまされ
たがいにくちまねをしながら
あいをささやくだろう
はだかのからだで
はだかのこころをかくしながら

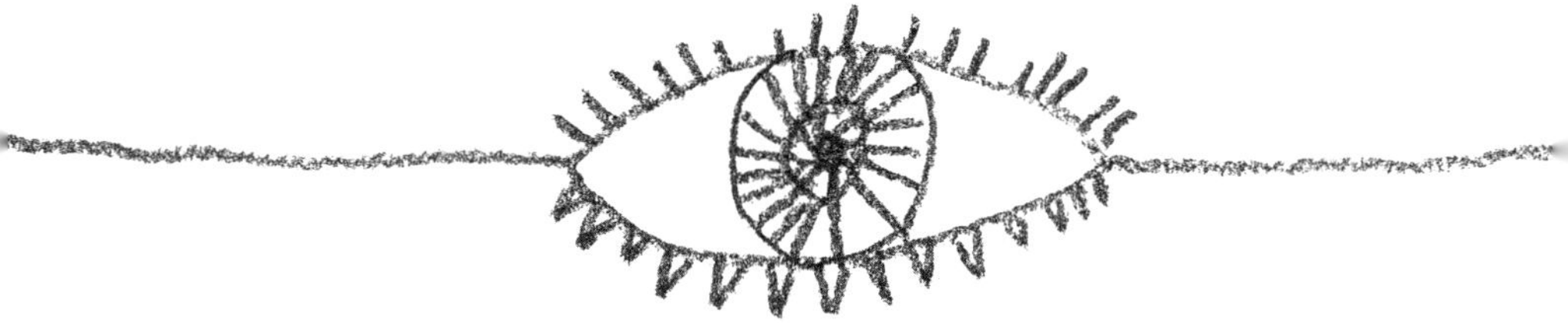

天使、まだ手探りしている

Engel, tastend 1939 ——2

わたしにはみえないものを
てんしがみてくれる
わたしにはさわれないところに
てんしはさわってくれる

わたしのこころにごみがたまってる
でもそこにもてんしがかくれてる
つばさをたたんで

わたしのこころがはばたくとき
それはてんしがつばさをひろげるとき

わたしがみみをすますとき
それはてんしがだれかのなきごえにきづくとき
わたしよりさきに

わたしにもみえないわたしのてんし
いつかだれかがみつけてくれるだろうか

なつのゆきだるま

ゆきだるまは　あるいてゆく
うみへ　むかって
そそりたつ　にゅうどうぐもを
おとうさんと　おもいこんで
みるかげもなく　やせ
てりつける　なつのひに
たきのように　あせを　ながし

ゆきだるまは　およいでゆく
おきへ　むかって
とけながら　ちからなく
いぬかきで……
プランクトンの　むれに　まじって
うみのそこに　しずむ
ゆきの　ひとひら

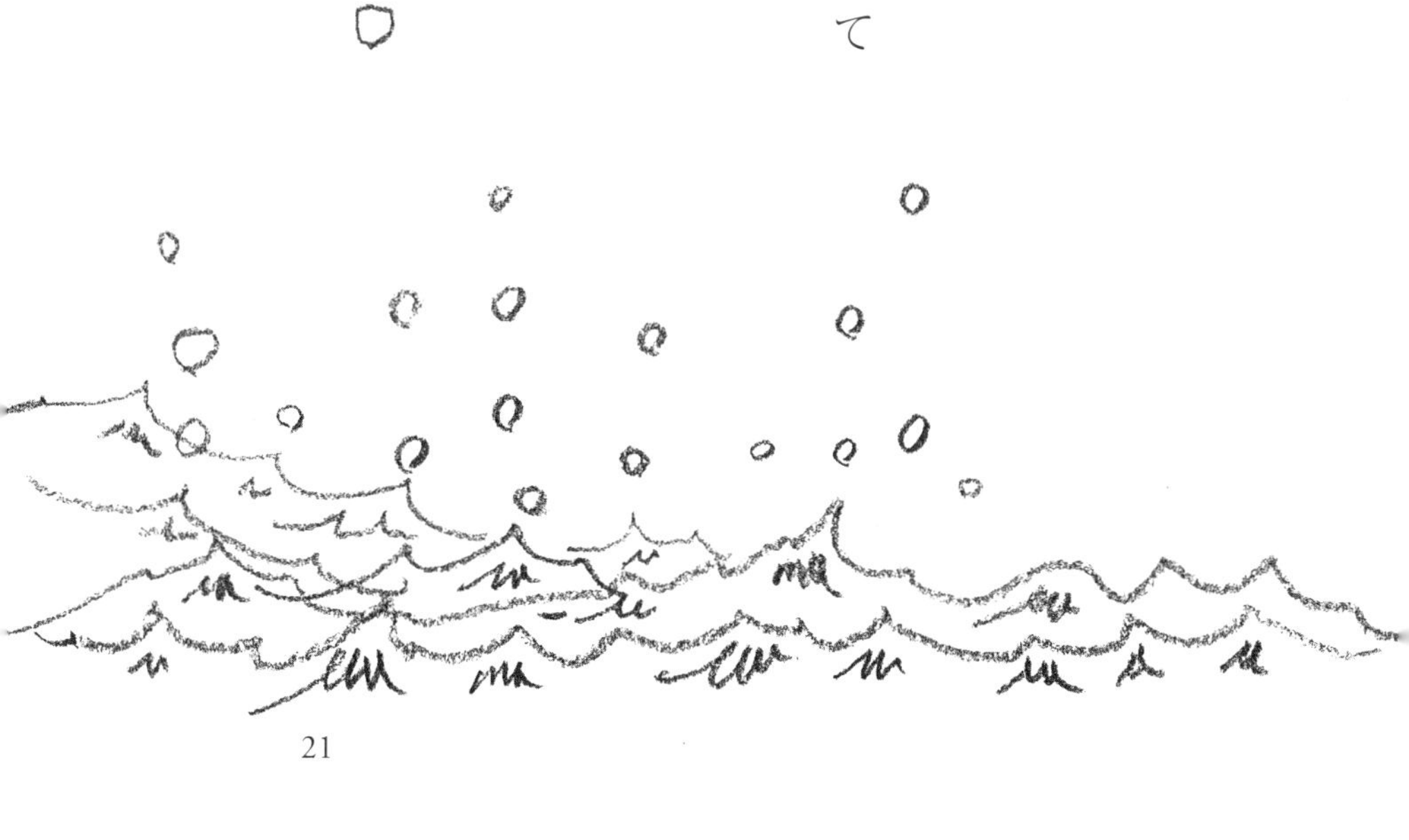

黄金の魚

Der Goldfish 1925

おおきなさかなはおおきなくちで
ちゅうくらいのさかなをたべ
ちゅうくらいのさかなは
ちいさなさかなをたべ
ちいさなさかなは
もっとちいさな
さかなをたべ
いのちはいのちをいけにえとして

ひかりかがやく
しあわせはふしあわせをやしないとして
はなひらく
どんなよろこびのふかいうみにも
ひとつぶのなみだが
とけていないということはない

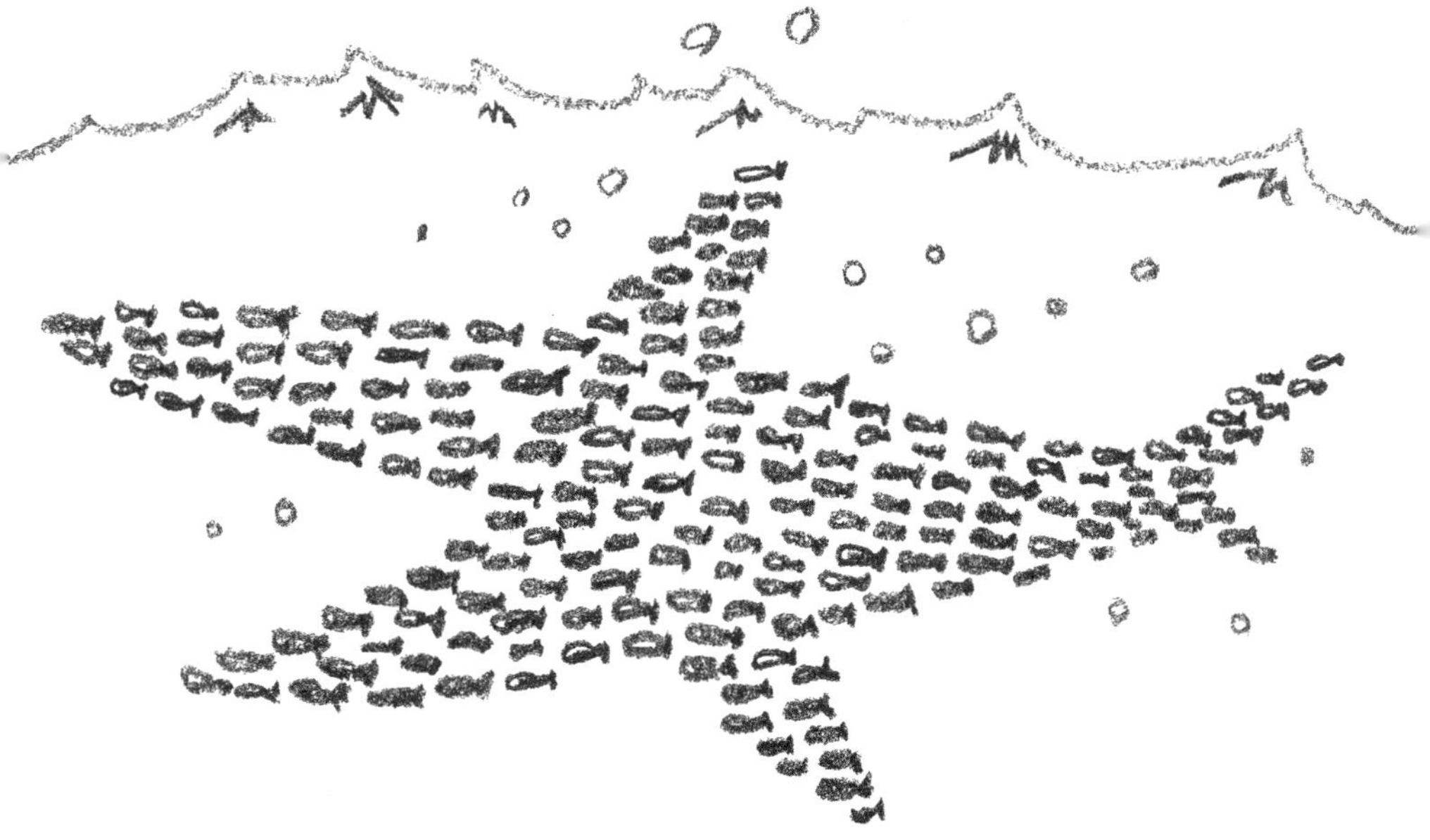

がっこう

がっこうがもえている
きょうしつのまどから
どすぐろいけむりがふきだしている
つくえがもえている
こくばんがもえている
ぼくのかいたえがもえている
おんがくしつでぴあのがばくはつした
たいいくかんのゆかがはねあがった
こうていのてつぼうがくにゃりとまがった

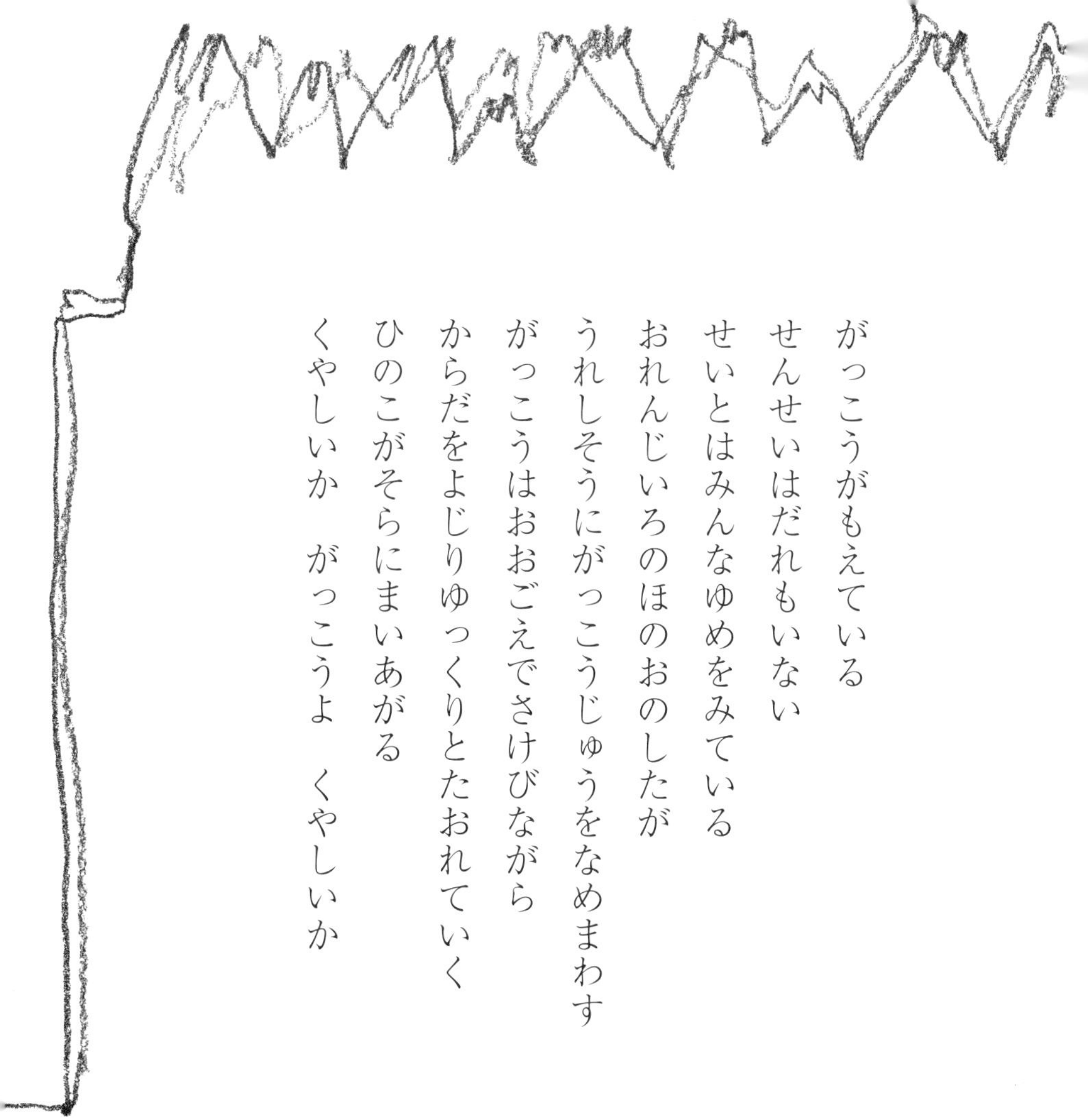

がっこうがもえている
せんせいはだれもいない
せいとはみんなゆめをみている
おれんじいろのほのおのしたが
うれしそうにがっこうじゅうをなめまわす
がっこうはおおごえでさけびながら
からだをよじりゆっくりとたおれていく
ひのこがそらにまいあがる
くやしいか　がっこうよ　くやしいか

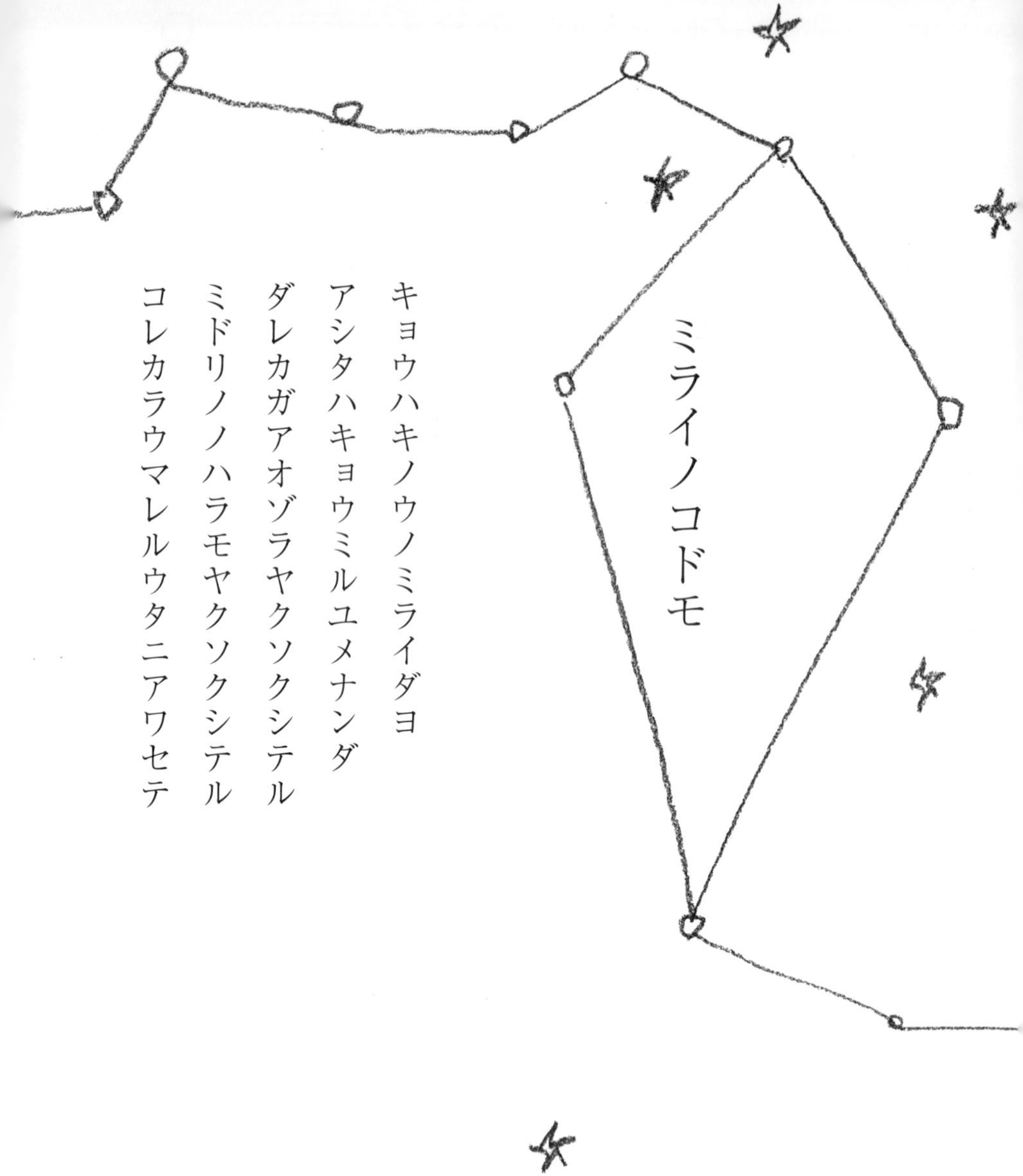

ミライノコドモ

キョウハキノウノミライダヨ
アシタハキョウミルユメナンダ
ダレカガアオゾラヤクソクシテル
ミドリノノハラモヤクソクシテル
コレカラウマレルウタニアワセテ

郵便はがき

恐れいりますが
切手をお貼りください

248-0005

神奈川県鎌倉市雪ノ下3-8-33

㈱ 銀の鈴社

ジュニアポエムシリーズNo.256

『そして』

担当 行

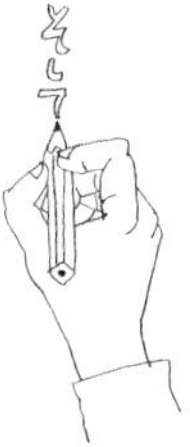

下記個人情報につきましては、お客様のご意見・ご要望への回答ならびに銀の鈴社書籍・サービス向上のために活用させていただきます。なお、頂きました情報につきましては、個人情報保護法に基づく弊社プライバシーポリシーを遵守のうえ、厳重にお取り扱い致します。

ふりがな	お誕生日
お名前 （男・女）	年　月　日
ご住所（〒　　　　）TEL	
E-mail	

☆ **この本をどうしてお知りになりましたか？**（□に✓をしてください）

□ 書店で　□ ネットで　□ 新聞、雑誌で（掲載誌名：　　　　）

□ 知人から　□ 著者から　□ その他（　　　　）

★ Amazonでご購入のお客様へ　おねがい★

本書レビューをお願いいたします。

読み終わった今の新鮮な気持ちが多くの人たちに伝わりますように。

ご愛読いただきまして、ありがとうございます

今後の参考と出版の励みとさせていただきます。
（著者へも転送します）

◆ 本書へのご意見・ご感想をお聞かせください

◆ 著者：谷川俊太郎さんへのメッセージをお願いいたします

※お寄せいただいたご感想はお名前を伏せて本のカタログや
ホームページ上で使わせていただくことがございます。予めご了承ください。

▼ご希望に✓してください。資料をお送りいたします。▼

□本のカタログ　□野の花アートカタログ　□個人出版　□ 詩・絵画作品の応募要項

読者と著者を直接つなぐ

刊行前の校正刷り（ゲラ）を読んだ、「あなたの声」を一緒にお届けします！

★ 新刊モニター募集 （登録無料）★

普段は読むことのできない、刊行前の校正刷りを特別に公開！

登録のURLはこちら ▶ http://goo.gl/forms/rHuHJRiOKL

Facebookからは、以下のURLより
「銀の鈴社 新刊モニター会員専用グループ」へ
https://www.facebook.com/groups/1595090714043939/

1）ゲラを読む 【ゲラ】とは?……本になる前の校正刷りのこと。

2）感想などを書く

3）このハガキに掲載されるかも!?

4）参加希望者の中から抽選で、詩人や関係者との
Podcast収録にご招待

「Podcast（ポッドキャスト）」とは？ ……………………………
インターネット上で音声や動画のデータファイルを公開する方法の1つ。
オーディオやビデオでのブログとして位置付けられている。
インターネットラジオ・インターネットテレビの一種。

ゲラを先読みした 読者の方々から

「本のたんじょうに たちあおう」

～ 好きな作品と感じたこと ～

・詩「ゆれる」

人がもつ悲しみ。それが話せないこと。あるいは話しても、人は皆、感じ方も経験も違うからわかってもらえないだろうという諦め。それでも誰かとは一緒にいたい。「黙っていても平気な友だちがほしい」という切なる願い。「声も聞きたくないとき」がお互いにあることを知りつつも、揺れながらそれでも「握りしめてしまう携帯」。人間はそこまで弱く寂しく、優しい生き物なんだと思います。

・詩「捨てたい」

私の気持ちがどうしてわかったんだろう？と思うほどドキッととした詩です。「何もかも捨てて/私は私だけになりたい」。そう思っている人は、世の中にどれだけいることでしょう？その代表者として作者は、思いを言葉にしたのだと思います。その潔さに脱帽。しかし捨てたいものこそが、作者が、別の形ででも最も求めている（渇望している）ものなのかなという気もします。

（P.N.ひさとみ純代）

・詩「そっとうた」

ふんわりと、あたたかな情景が浮かび、心の中に届くような感じがいいなと思いました。

（後藤美智子）

※上記は寄せられた感想の一部です※

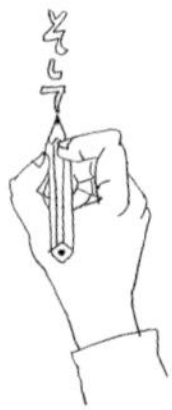

ジュニアポエムシリーズNo.256
谷川俊太郎 詩集
『そして』
銀の鈴社刊

＊

ミライノコドモハ
オトウサンヲシカッテル
ミライノコドモハ
オカアサンヲアヤシテル
マチヲコエテ
ハタケヲコエテ
オカヲコエテ
ミズウミヲコエテ
チヘイセンノムコウカラ
ミライノコドモハスキップシテキタ

ナニガスキ？
ナニガキライ？
ドコカラキタノ？
ナニヲキイテモ
ミライノコドモハシズカニワラウダケ

コカゲニスワッテミエナイモノヲミツメテイル
ブランコニノッテキコエナイオトヲキイテイル
ミライノコドモノアタマノウエヲ
サヨナラトコンニチハガ
チョウチョミタイニヒラヒラトンデル

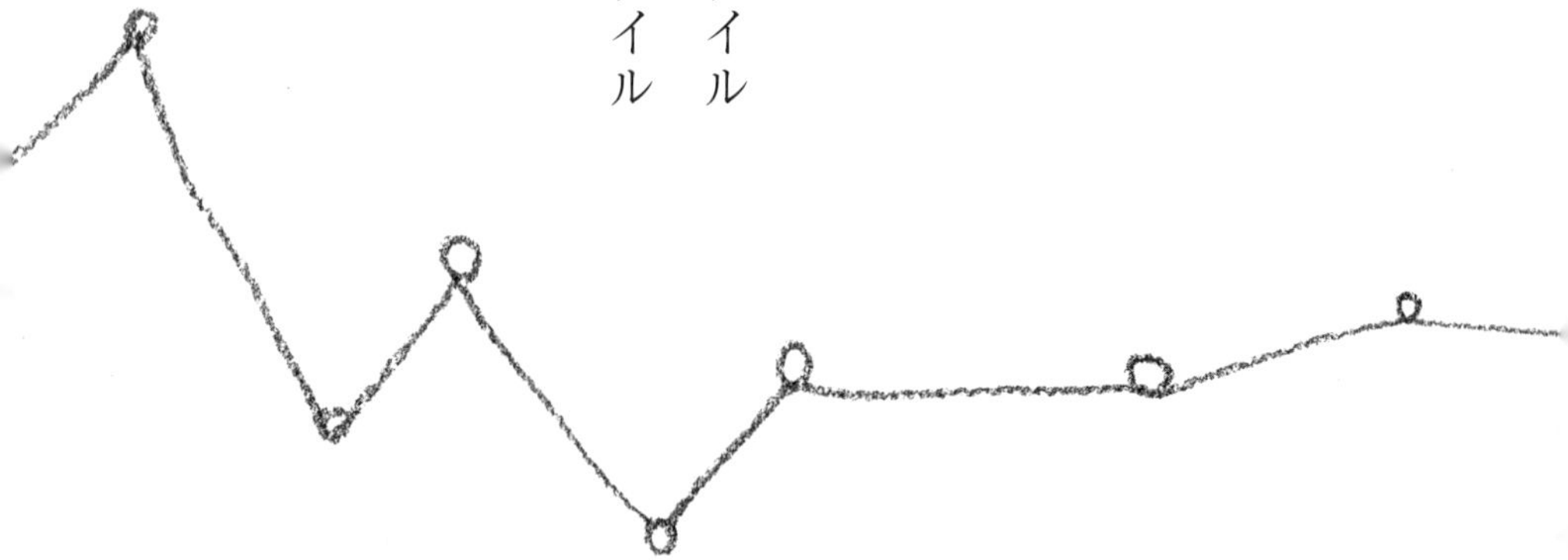

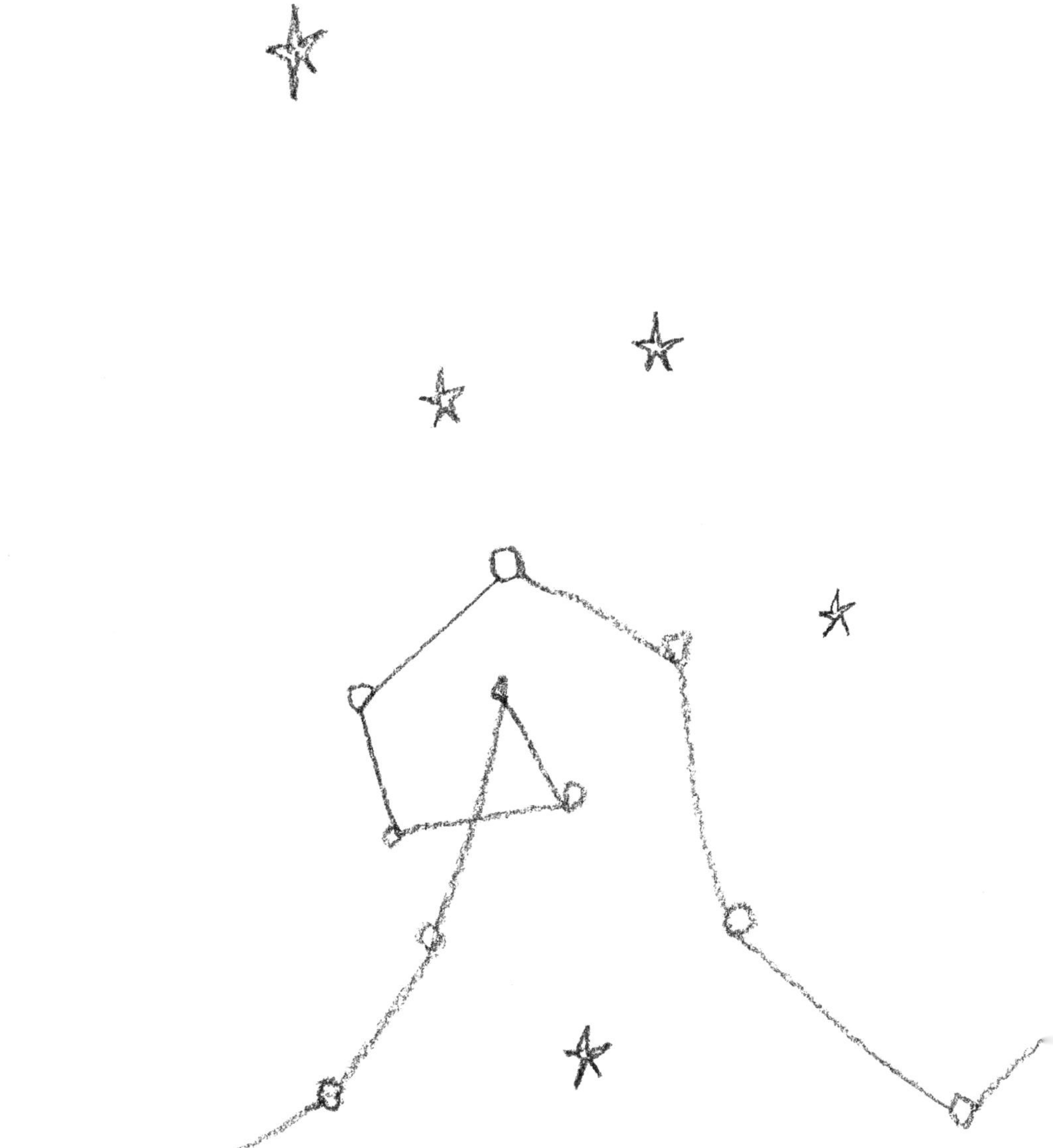

そして

夏になれば
また
蝉《せみ》が鳴く

花火が
記憶《きおく》の中で
フリーズしている

遠い国は
おぼろだが
宇宙は鼻の先

なんという恩寵《おんちょう》
人は
死ねる

そしてという
接続詞だけを
残して

未来《みらい》へ

道ばたのこのスミレが今日咲《さ》くまでに
どれだけの時《とき》が必要《ひつよう》だったことだろう
この形《かたち》この色この香《かお》りは計《はか》りしれぬ過去《かこ》から来た

遠く地平へと続《つづ》くこの道ができるまでに
どれだけのけものが人々が通ったことだろう
足元の土に無数《むすう》の生と死《し》が埋《う》もれている

照《て》りつけるこの太陽《たいよう》がいつか冷《ひ》え切るまでに
目に見えないどんな力が働《はたら》くのだろう
私《わたし》たちもまたその力によって生まれてきた

人は限《かぎ》りないものを知ることはできない
だが人はそれを生きることができる
限りある日々の彼方《かなた》を見つめて

未《いま》だ来ないものを人は待《ま》ちながら創《つく》っていく
誰《だれ》もきみに未来を贈《おく》ることはできない
何故《なぜ》ならきみが未来だから

泣いているきみ

少年9

泣いているきみのとなりに座って
ぼくはきみの胸の中の草原を想う
ぼくが行ったことのないそこで
きみは広い広い空にむかって歌っている

泣いているきみが好きだ
笑っているきみと同じくらい

哀《かな》しみはいつもどこにでもあって
それはいつか必ず歓《よろこ》びへと溶《と》けていく

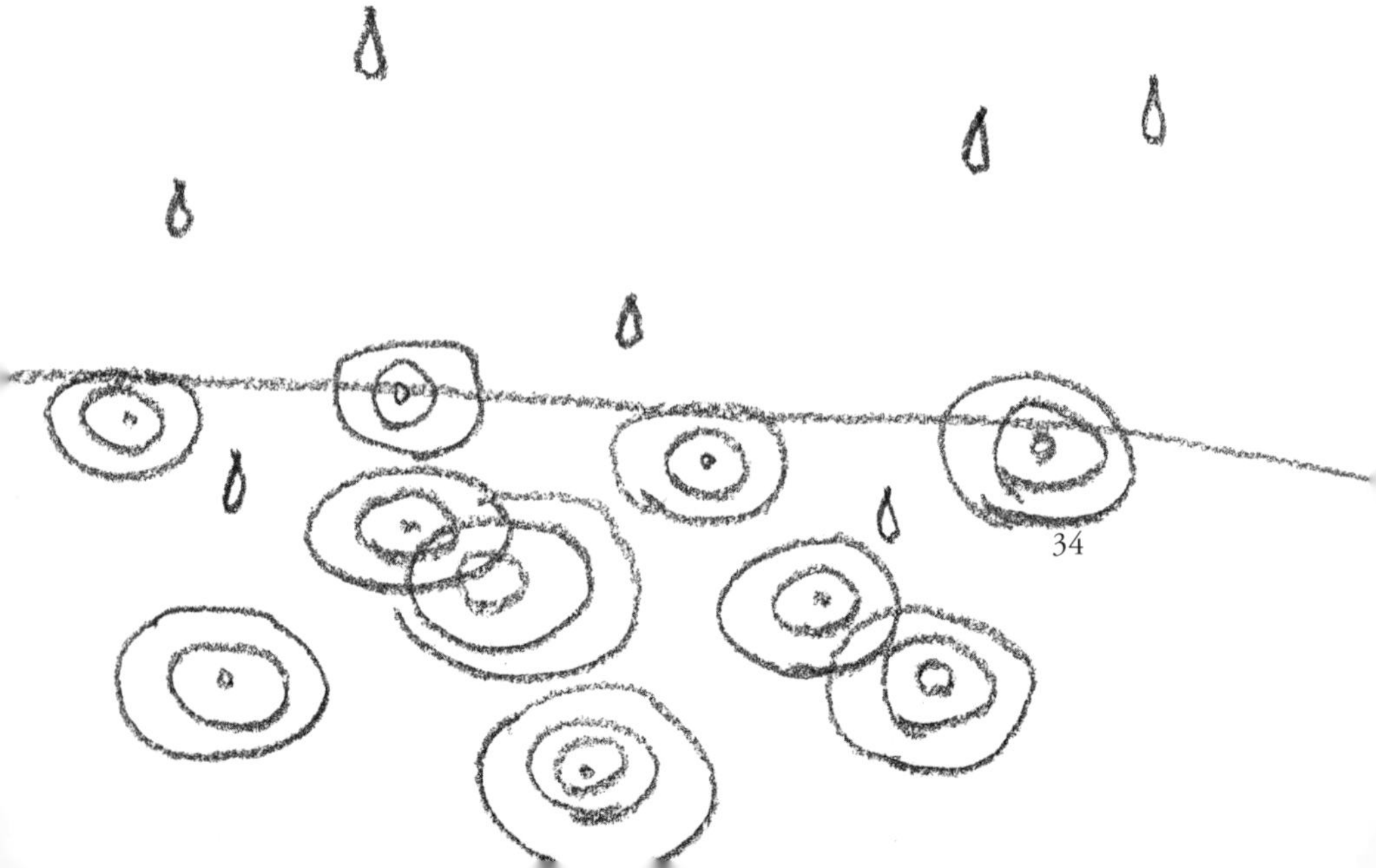

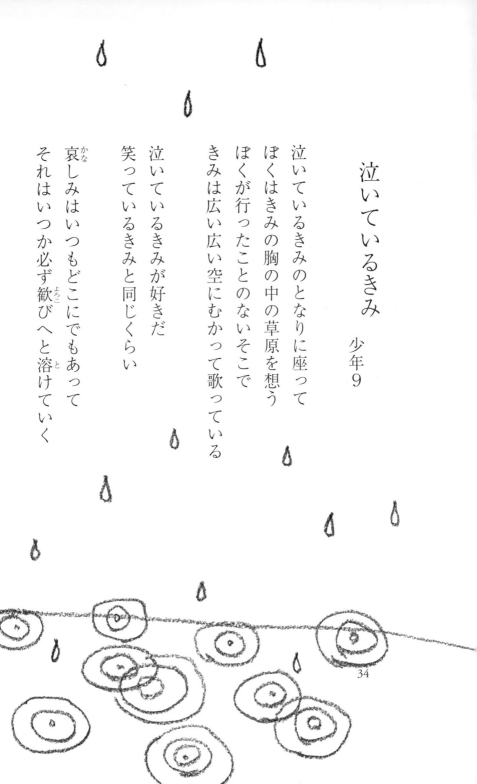

泣いているわけをぼくは訊《たず》ねない
たとえそれがぼくのせいだとしても
いまきみはぼくの手のとどかないところで
世界に抱きしめられている

きみの涙のひとしずくのうちに
あらゆる時代のあらゆる人々がいて
ぼくは彼らにむかって言うだろう
泣いているきみが好きだと

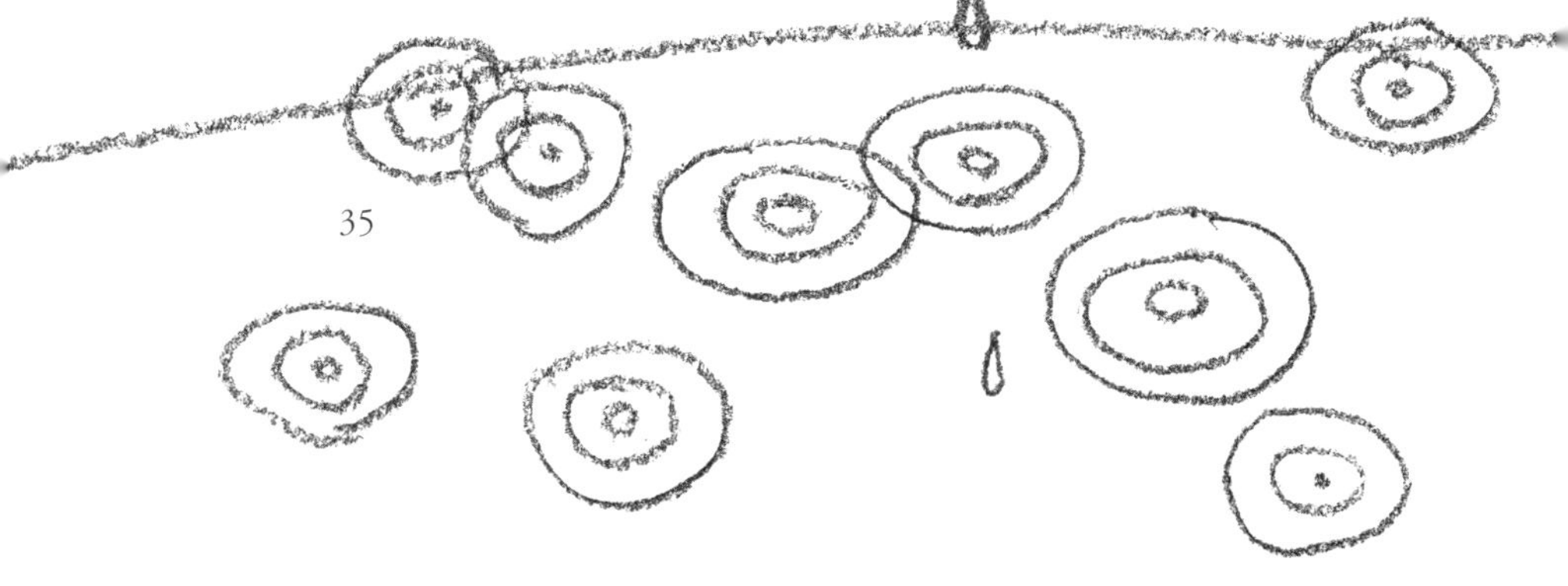

ゆれる

友だちとしゃべっていると　ときどき
おかしくもないのに笑い出したくなる
私が笑い出すと友だちも笑い出す
でも笑う中身はきっと違う
私は笑っていても楽しくない

私の中にたまっている悲しいこと
友だちにも話せないこと
友だちにも私に話せないことがきっとある
おしゃべりが途切《とぎ》れたとき
黙《だま》っていても平気な友だちがほしい

友だちに今すぐ会いたいとき
友だちの声も聞きたくないとき
友だちにもそんなときがきっとある
気持ちはいつも晴れたり曇《くも》ったり
いっそ嵐になってほしいと思うこともある

気がついたら手の中に　私
鳴らない携帯を握《にぎ》りしめてる

捨てたい

私はネックレスを捨てたい
好きな本を捨てたい
携帯を捨てたい
お母さんと弟を捨てたい
家を捨てたい
何もかも捨てて
私は私だけになりたい

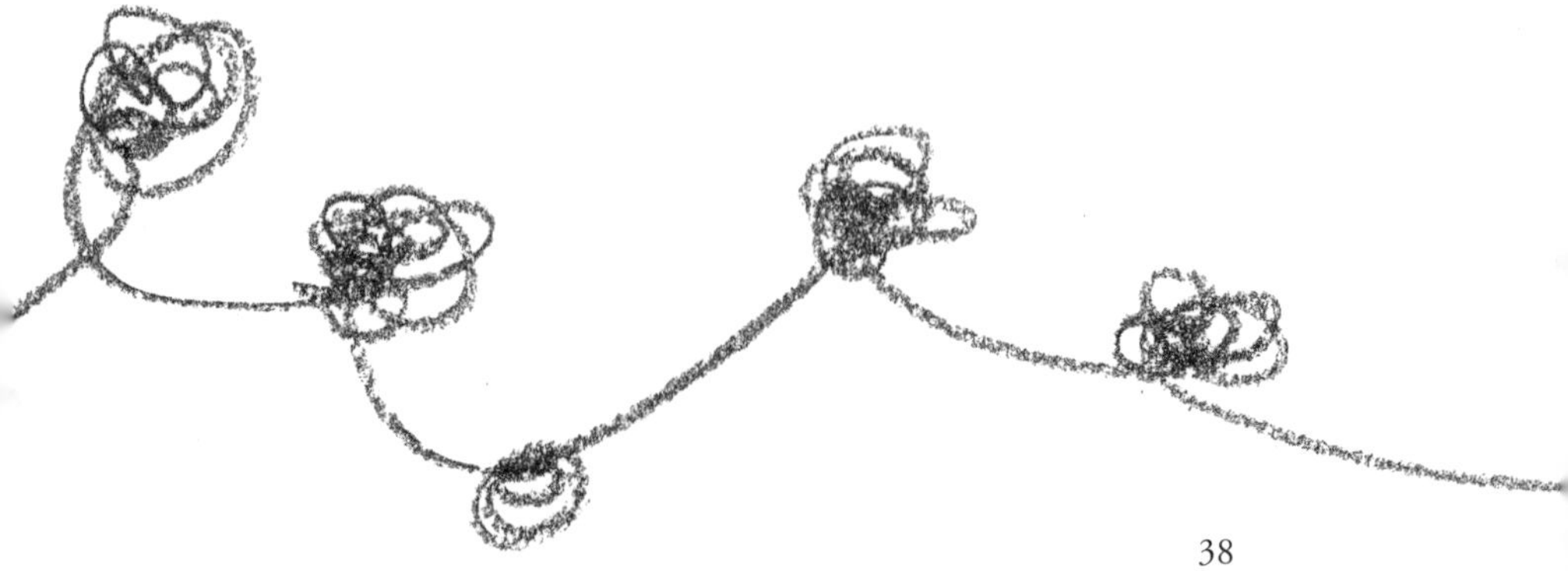

すごく寂しいだろう
心と体は捨てられないから
怖いだろう　迷うだろう
でも私はひとりで決めたい
いちばん欲しいものはなんなのか
いちばん大事なひとは誰なのか
一番星のような気持ちで

自販機

自販機に
百円入れて
詩を
一つ買った

絶えず潮騒《しおさい》が
聞こえている町

買った詩を
駅の

ベンチで読んだ
何度も
くり返して

書いたあなたは
見知らぬヒト
これからも
会うことはないだろう

海が
遠ざかる

ダイアモンドは雨のしずく

生まれたときから分《わ》かっていた
人生には今しかないっていうことが
悲しみはいつまでも続くけれど
涙はこぼれるたびに新しい
ぼくにはきみに話してやれる物語がない

目の前の木をみつめるだけで
ふるえるように笑った子どものころ
一日が終わると夢が始まり
そこでは誰もがわけもなく生きていた
ぼくにはきみに話してやれる物語がない

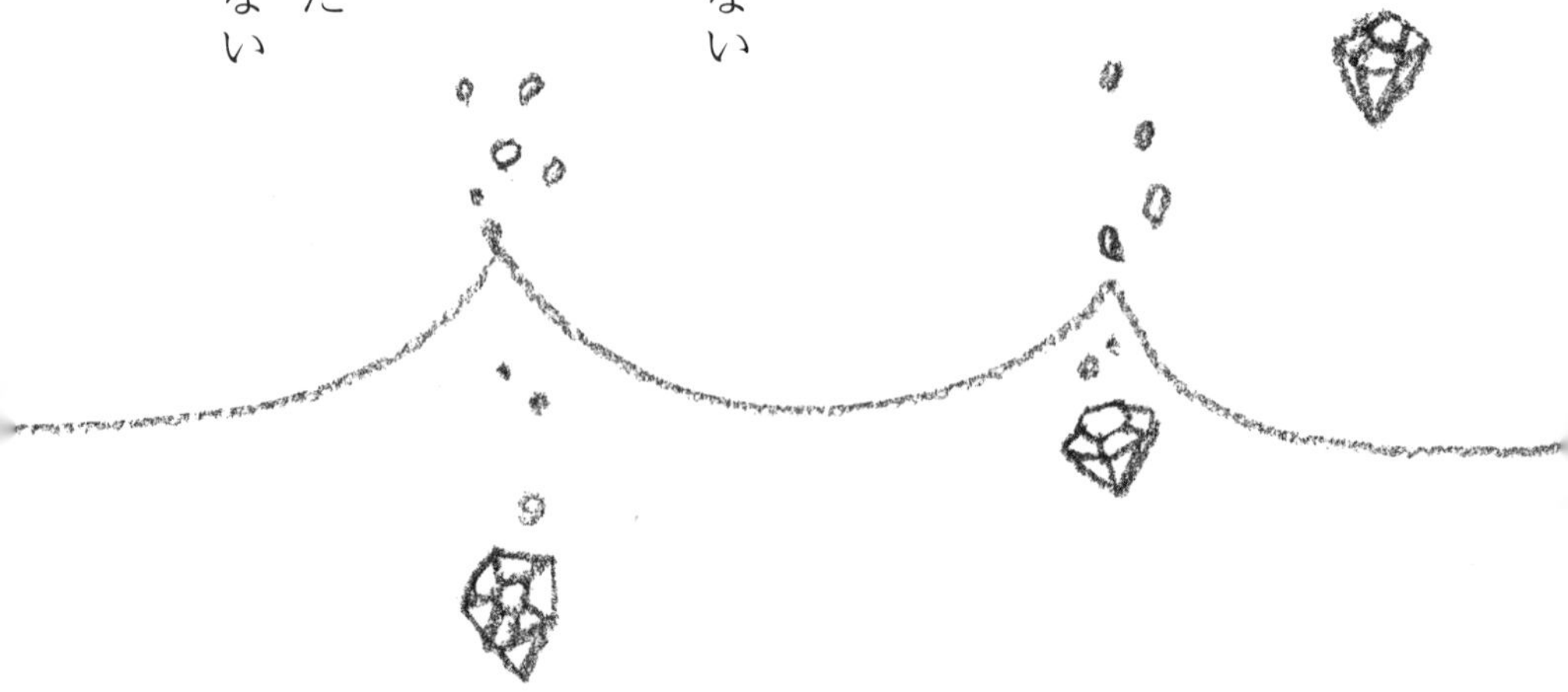

いつ死んでもいいと思っているから
ダイアモンドは雨のしずく
別れのさびしさも映画みたいだ
忘れまいとしても明日《あした》はやってくる
ぼくにはきみに話してやれる物語がない

流れる川の源《みなもと》は大地にかくれている
愛しているから未来が見えない
傷ついた昨日《きのう》は暦《こよみ》のしるし
波紋《はもん》のように今がひろがる
ぼくにはきみに話してやれる物語がない

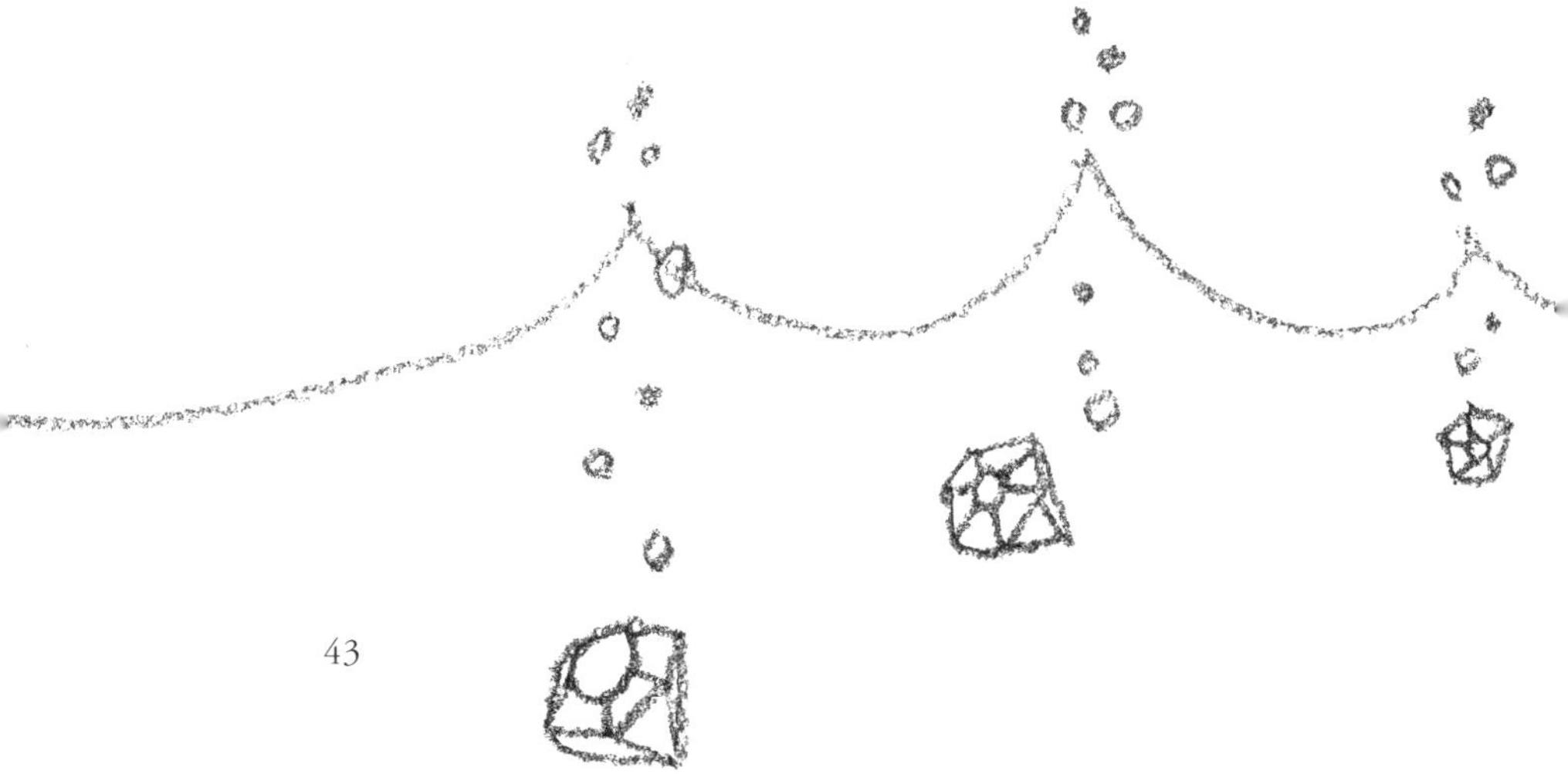

機械ヨ

機械ヨ働イテオクレ
豆粒ホドノ機械ハ音モナク
小山ホドノ機械ハ轟々《ゴウゴウ》ト
夜モ眠ラズニ働イテオクレ

人々ノ萎《ナ》エタ手足ニ代《カ》ワッテ
サラニ新シイ機械ヲ造《ツク》ッテオクレ
人々ノカスム目ニ代ワッテ
眩《マブシ》イ未来ヲ夢見テオクレ

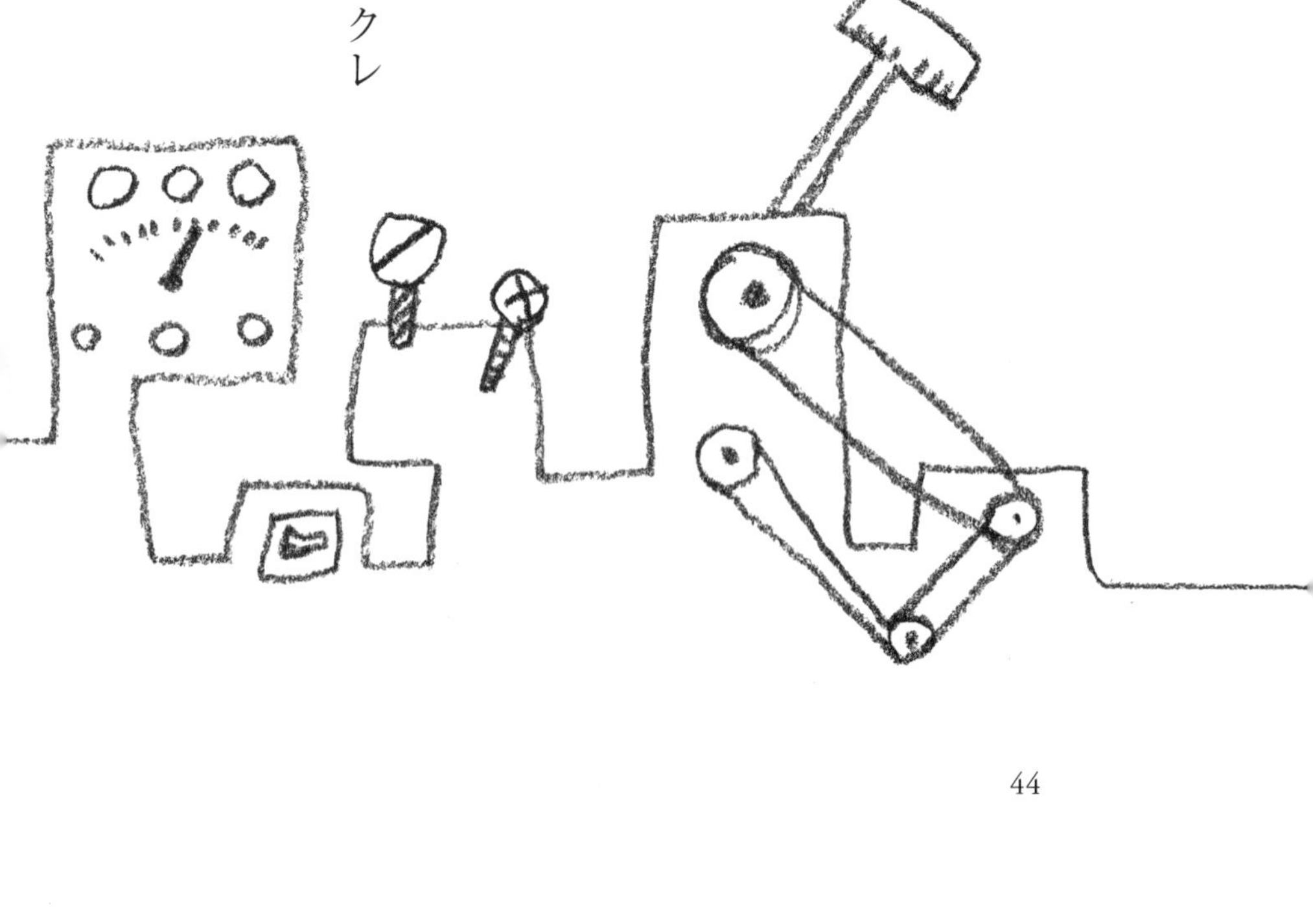

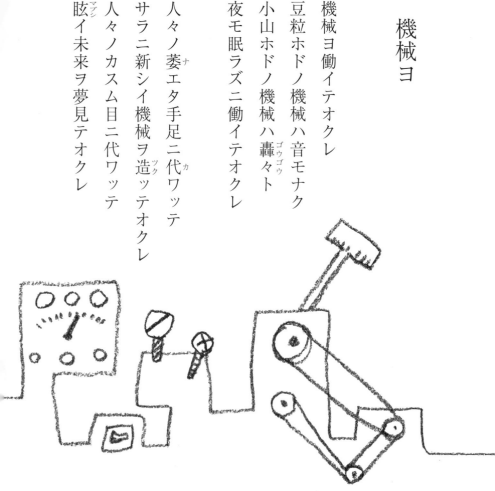

人々ノ呆《ホウ》ケタ頭ニ代《カ》ワッテ
無限《ムゲン》ヲ計算シテオクレ

機械ヨイツマデモ働イテオクレ
疲《ツカ》レタ人々ヲ休マセテオクレ
人々ノ死ニ絶エタアトモ働キツヅケ
イツノ日ニカヒトリノ
ピカピカ輝ク赤ン坊ヲ生ンデオクレ

成人の日に

人間とは常に人間になりつつある存在だ
かつて教えられたその言葉が
しこりのように胸の奥に残っている
成人とは人に成ること　もしそうなら
私たちはみな日々成人の日を生きている
完全な人間はどこにもいない
人間とは何かを知りつくしている者もいない
だからみな問いかけるのだ

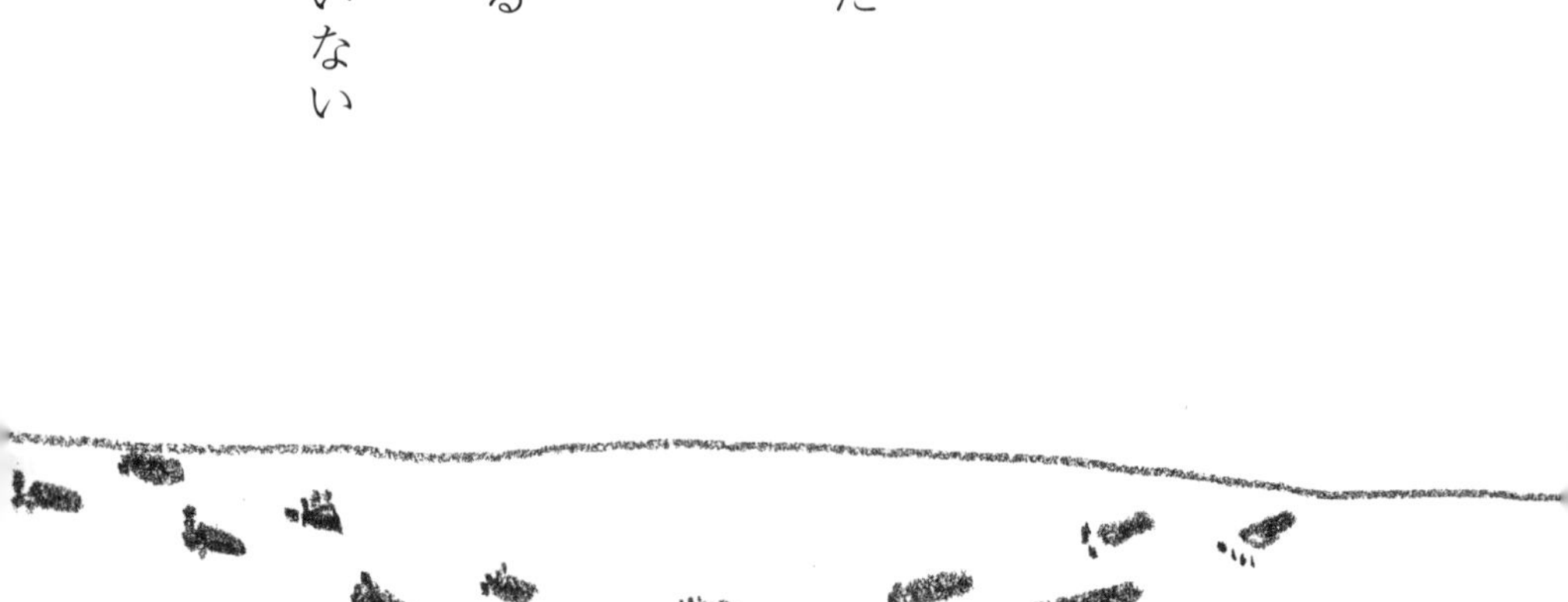

人間とはいったい何かを
そしてみな答えているのだ　その問いに
毎日のささやかな行動で

人は人を傷つける　人は人を慰める
人は人を怖れ　人は人を求める
子どもとおとなの区別がどこにあるのか
子どもは生まれ出たそのときから小さなおとな
おとなは一生大きな子ども

どんな美しい記念の晴着も
どんな華やかなお祝いの花束も
それだけではきみをおとなにはしてくれない

他人のうちに自分と同じ美しさをみとめ
自分のうちに他人と同じ醜《みにく》さをみとめ
でき上がったどんな権威にもしばられず
流れ動く多数の意見にまどわされず
とらわれぬ子どもの魂で
いまあるものを組み直しつくりかえる
それこそがおとなの始まり
永遠に終わらないおとなへの出発点
人間が人間になりつづけるための
苦しみと喜びの方法論だ

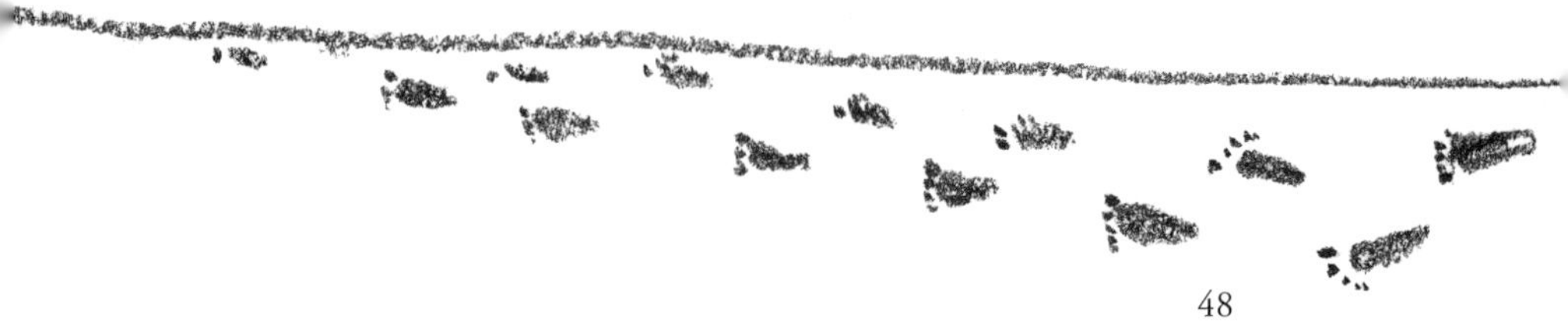

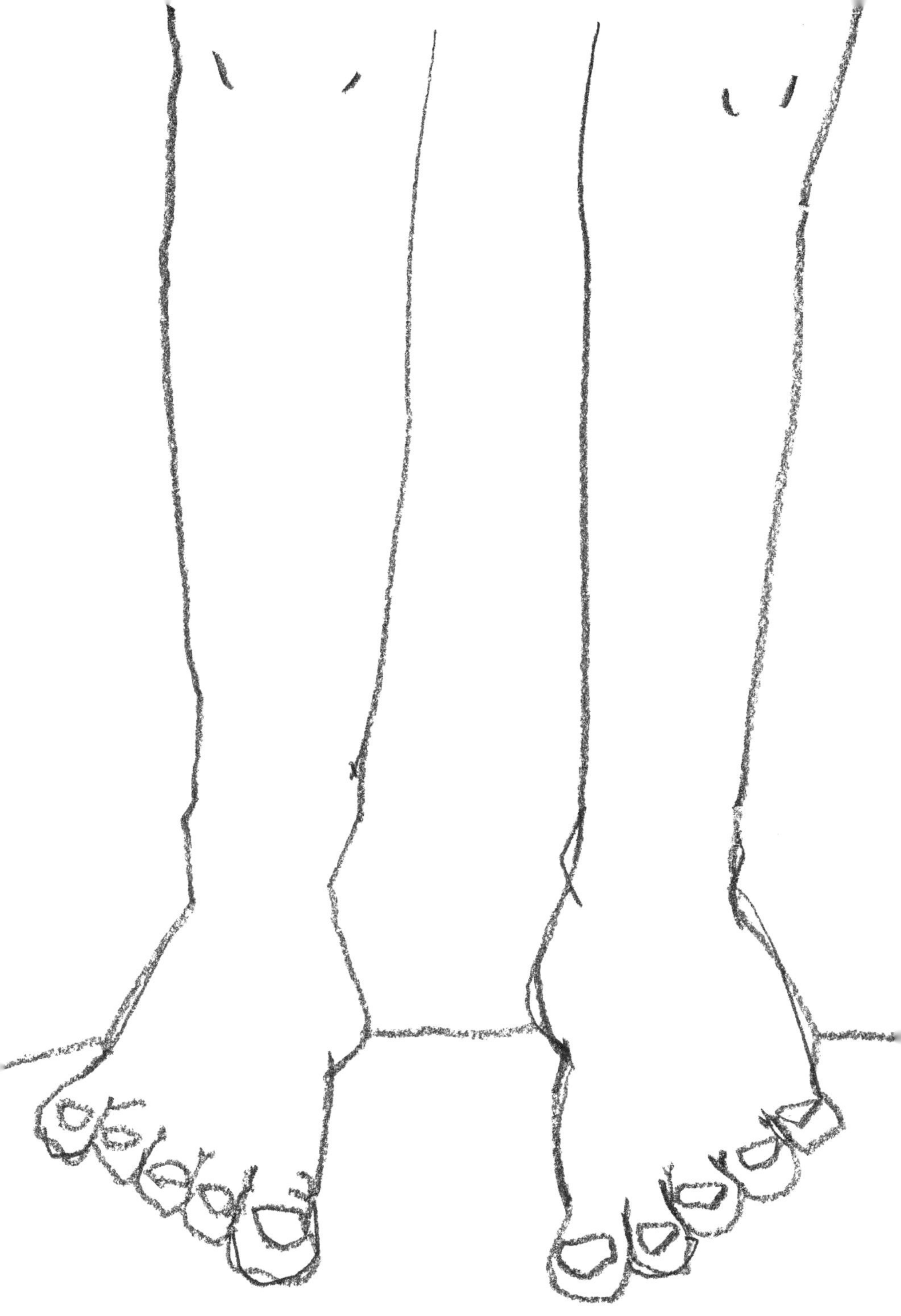

そのかみのかぜ

くさにいね　つちをまさぐり
きぎにより　おかをさびしむ
ひとのこの　とがゆるせかし
いわうがち　わきあがるみず
ふきわたる　そのかみのかぜ

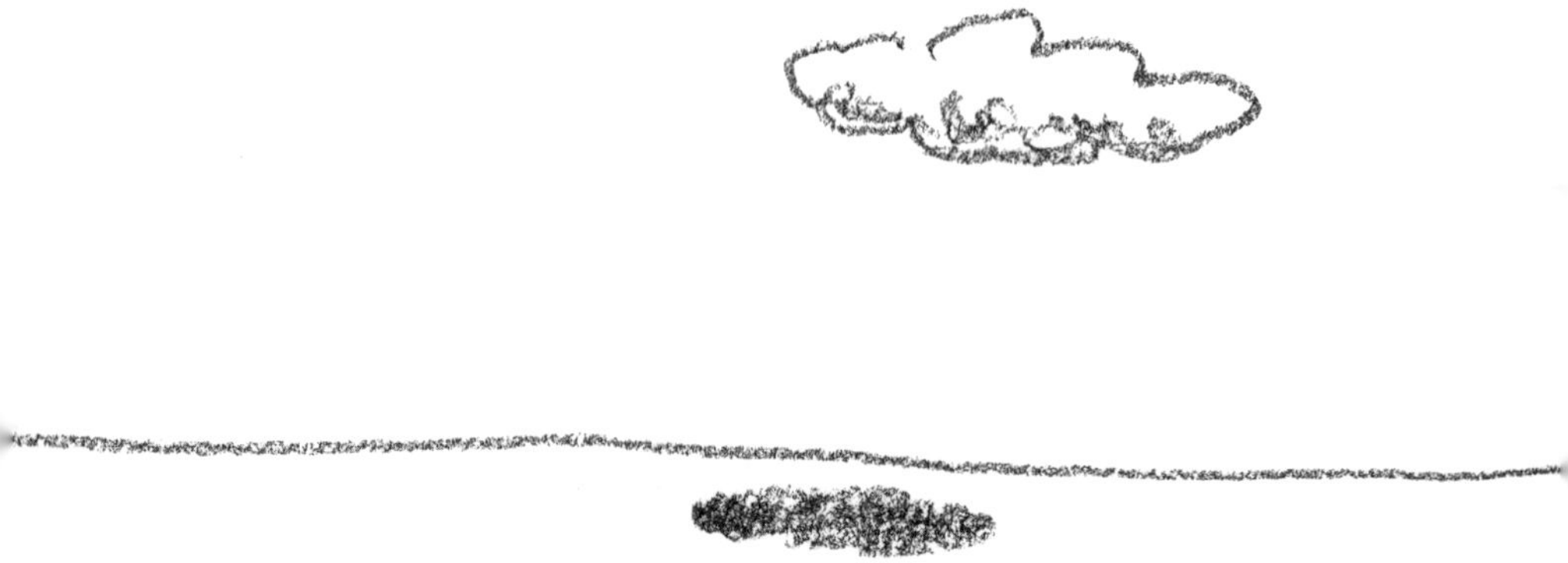

すういきは　いのちのしるし
はくいきは　いのちのしらべ
ひとのこの　とがゆるせかし
ふむあしに　だいちはわらい
さぐるてに　そらはなぞめく

こころはや　ぬばたまのやみ
そのやみに　ゆめのみしるく
ひとのこの　とがゆるせかし

夜のラジオ

半田鏝《ゴテ》を手にぼくは一九四九年製のフィルコのラジオをいじっている
真空管は暖まってるくせにそいつは頑固《がんこ》に黙《だま》りこくっているが
ぼくはまだみずみずしいその体臭にうっとりする

どうして耳は自分の能力以上に聞こうとするのだろう
でも今は何もかも聞こえ過ぎるような気がするから
ぼくには壊《こわ》れたラジオの沈黙《ちんもく》が懐かしい声のようだ

ラジオをいじることと詩を書くことのどっちが大事なのか分《わ》からない

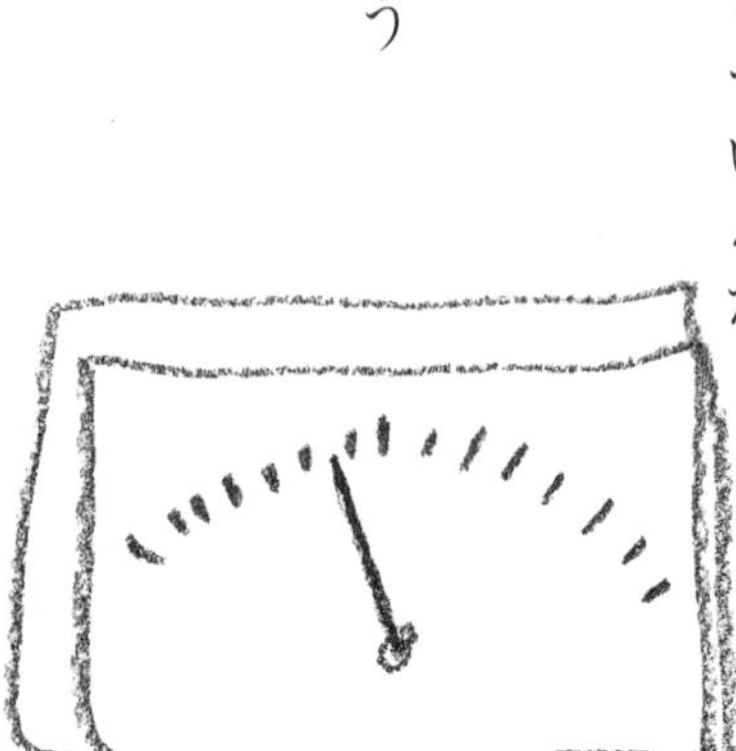

まだ詩と縁のなかった少年のころに戻って
もういちど埃《ほこり》っぽい砂利《じゃり》道《みち》を歩いてみたいと思うが
ぼくは忘れている
まるで時間などないかのように女も友だちも

ただもっと何かを聞きたいもっと何かが聞こえるはずだと
ぼくは息をつめ耳をすませてきただけだ
入道雲が湧《わ》き上がる夏ごとの空に
家族が集うしどけない居間のざわめきに

生きることを物語に要約してしまうことに逆らって

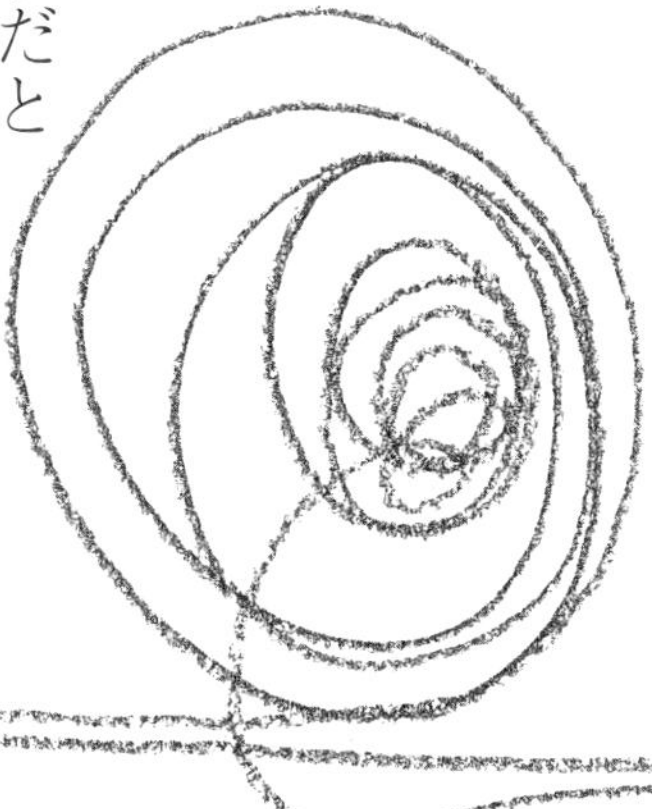

このカヴァティーナを

このカヴァティーナを聴き続けたいと思う気持ちと
風の音を聞いていたいという気持ちがせめぎあっている

木々はトチやブナやクルミやニレで
終わりかけた夏の緑濃い葉の茂みが風にそよぎ
その白色雑音は何も告げずにぼくを愛撫《あいぶ》する

そして楽器はヴァイオリンとヴィオラとチェロ
まるで奇跡のように人の愛憎を離れて
目では見ることの出来ない情景をぼくの心に出現させる

それらはともに束《つか》の間《ま》の幻に過ぎないだろう
執着《しゅうちゃく》することも許されぬほどのはかなさでぼくらを掠《かす》め
すぐにはるか彼方へと去ってしまう

だがぼくはあえてそれもまた現実の名で呼ぶ
かまびすしいお喋《しゃべ》りを聞いている時も耳に残っていた静けさ
それは風や音楽なしでは生まれなかった

言葉が要《い》らなくなって好きな女の顔を指でたどる時も
ぼくはきっと同じ現実のうちにいる
人間なしでは生まれなかった騒音に抱きしめられながらも

＊カヴァティーナ…短い楽曲の一つ

旅

6　Oabu

うすれてゆきながら
ますますあきらかになり
あきらかでありながら
すでに消えかかっている

虹は町の上にある
そしてどこにもない
見渡す限りの砂糖黍《さとうきび》が
風になびいて

語らなくていいからか
語れぬからか
この現在は肺腑《はいふ》をえぐる

消えながらなおも見えている
見えていてすでに虹は
思いの中にしかない

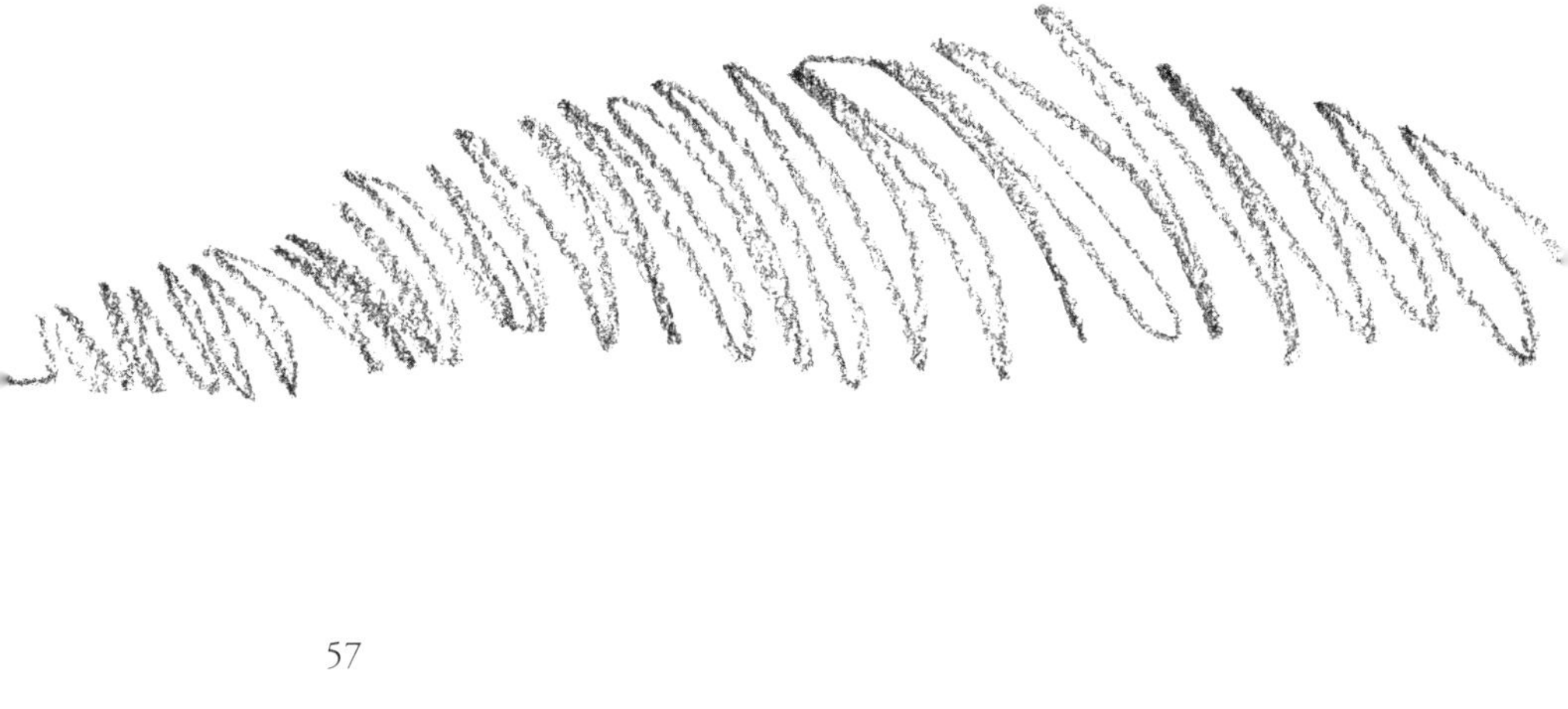

地球の客

躾《しつけ》の悪い子どものように
ろくな挨拶もせず
青空の扉をあけ
大地の座敷に上がりこんだ
私たち　草の客
木々の客
鳥たちの客
水の客

したり顔で
出された御馳走《ごちそう》に
舌《した》づつみを打ち

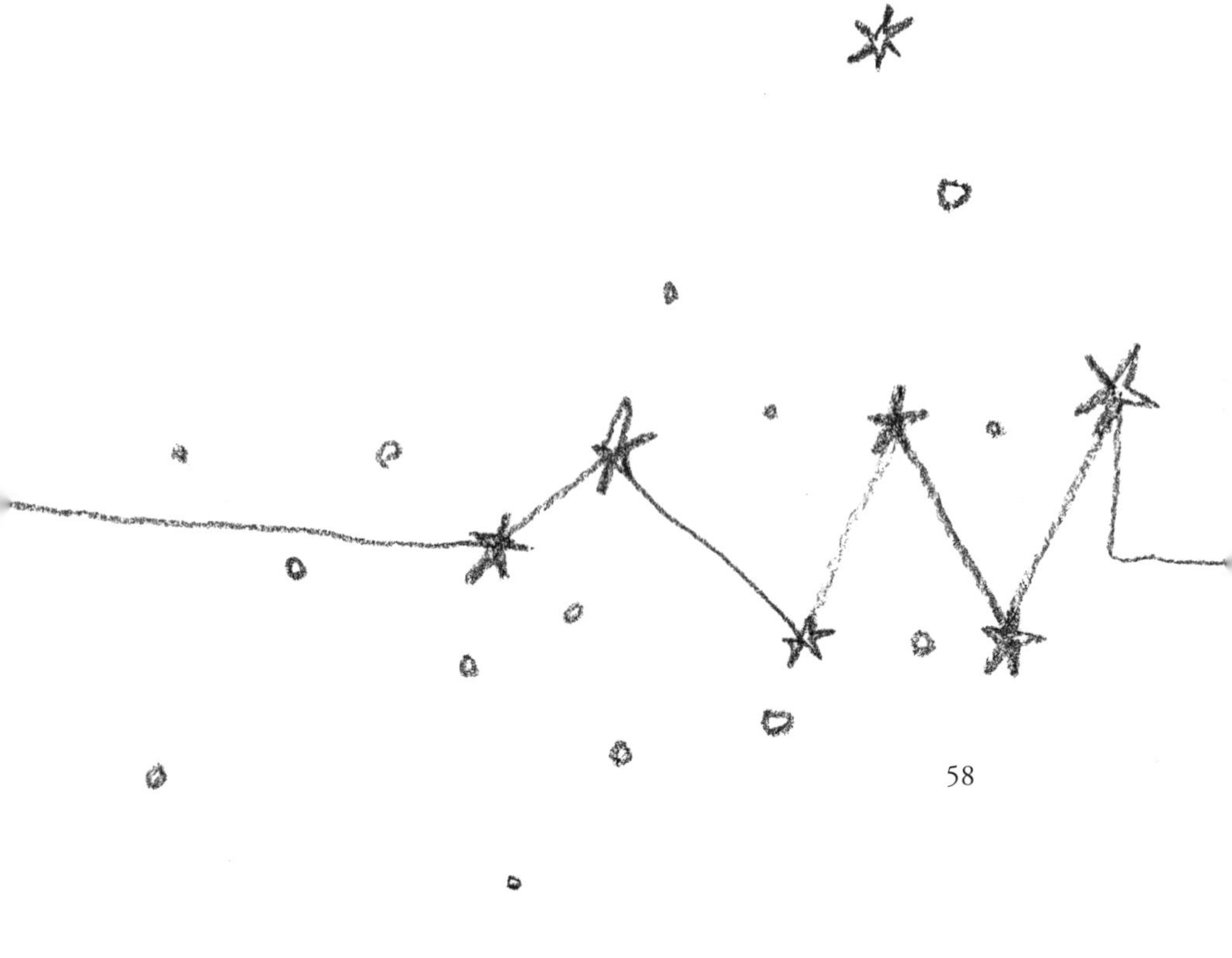

景色を讃《ほ》めたたえ
いつの間にか
主人になったつもり
文明の
なんという無作法《ぶさほう》
だがもう立ち去るには
遅すぎる
死は育《はぐく》むから
新しいいのちを
遠い歌声
風のそよぎ
聞こえるだろうか
いま

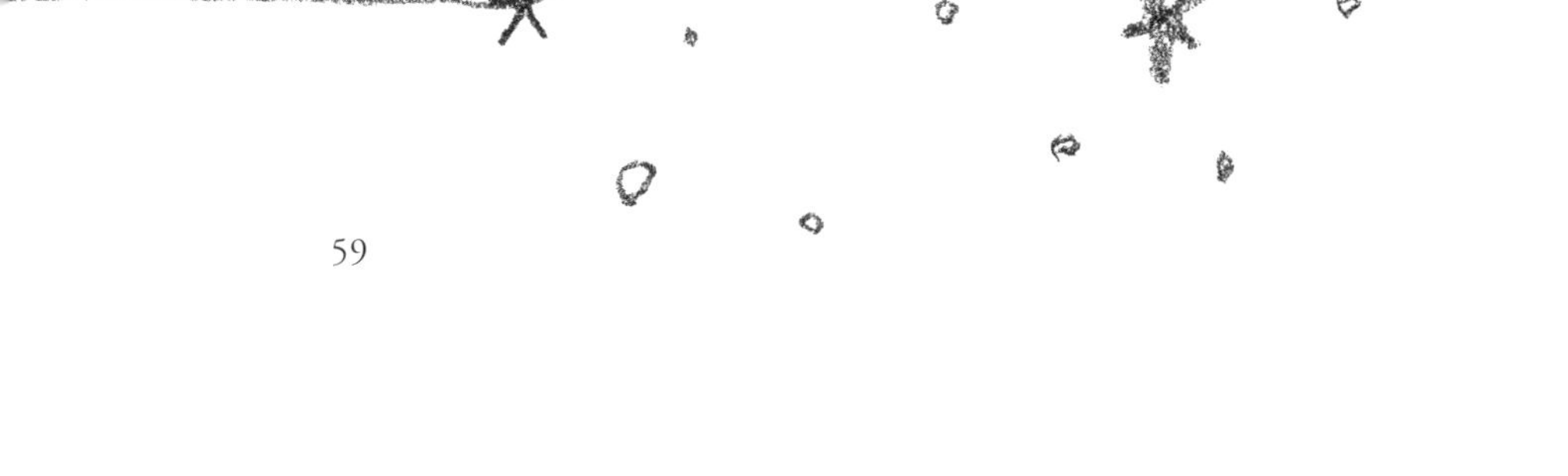

その日

August 6

苦しみという名で
呼ぶことすらできぬ苦しみが
あなたの皮膚から内臓へ
内臓からこころへ
こころから私が決して
行き着くことのできぬ深みへと
歴史を貫いていまも疼《うず》きつづける

その日私はそこにいなかった

今日　子どもたちの
傷ひとつない皮膚が

その日と同じ太陽に輝き
焼けただれた土を養分に
木々の緑が夏を歌う
記憶は無数の文字の上で
鮮度を失いかけている

その日私はそこにいなかった

私はただ信じるしかない
怒りと痛みと悲しみの土壌にも
喜びは芽生えると
死によってさえ癒されぬ傷も
いのちを滅ぼすことはないと
その日はいつまでも
今日でありつづけると

空

空という言葉を忘れて
空を見られますか？
生まれたての赤んぼのように

初めて空を見たとき
赤んぼは泣かなかった
笑いもしなかった

とてもとても真剣だった
宇宙と顔つき合わせて
それがタマシヒの顔

空が欲しい
言葉の空じゃなく
写真の空でもなく
本物の空を自分の心に

五月のうた

許してください
許してください私の幸せを
私より不幸な人たち
もしあなたの不幸の上に
私の幸せが築かれているのなら

けれど信じてください
信じてください私の幸せを

五月の微風に裸の腕をさらして
私は誰にも頼ることなく
私の幸せをつかむのです

幸せな私はひとりぼっち
幸せな私の責任は幸せを歌うこと
はじめてのもののように高く歌うこと
——憎んでください
憎しみがあなたを幸せにするものなら

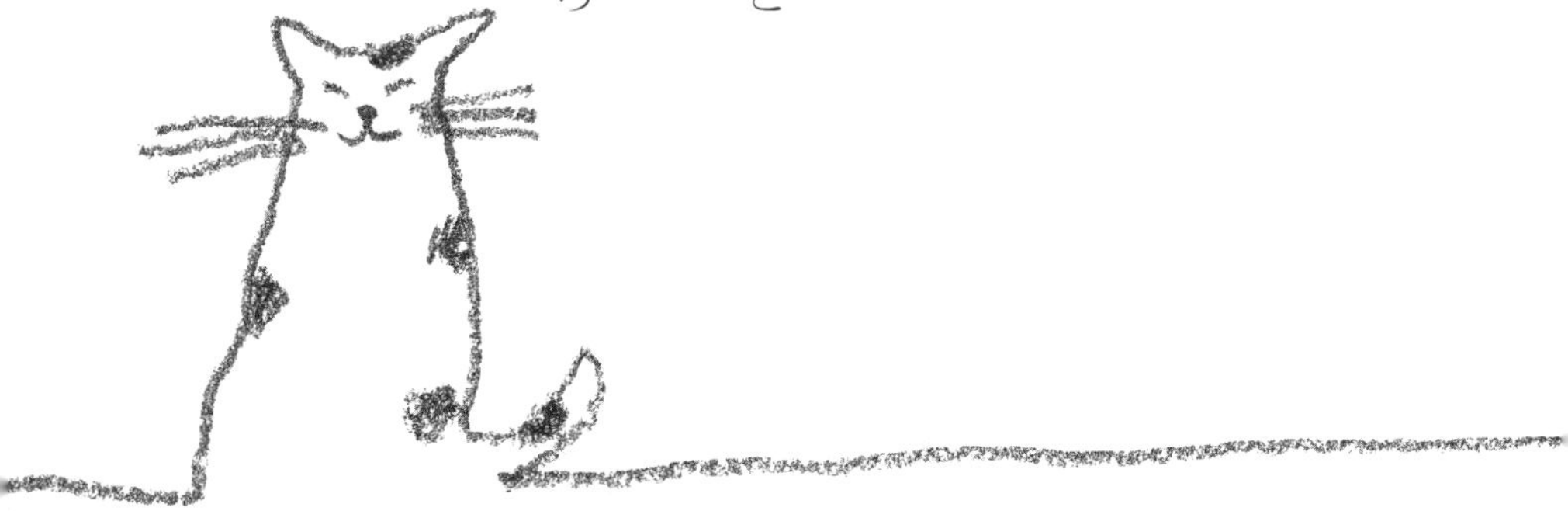

放課後

窓際《ぎわ》で詩が少年の姿をして言葉を待っている
校庭に男女の生徒たちが静止《フリーズ》している
少年には瞬間の奥行きが見えているのだが
そこに何がひそんでいるかは知らない

ここに生まれてきて十数年
まだ青空も白い雲も少女たちも新鮮だ
少年は世界がここにあることが不思議で

平気で生きている人々になじめない

これからどうなるのだろうと考えると
すべてがまた激しく動き始める
和音に乗って旋律《せんりつ》がからだに入ってくる
明日を畏《おそ》れることから今日が始まる

いまここにいないあなたへ

いまここにいない　あなた
でもいまそこにいる　あなた
たとえすがたはみえなくても

おなじひとつのたいようにまもられ
おなじふかいよるにゆめみて
おなじこのほしにつかのまいきる　あなた

あなたとことばで　であいたいから
わたしはかたる　かたりきれないかなしみを
わたしはかく　ことばをこえるよろこびを

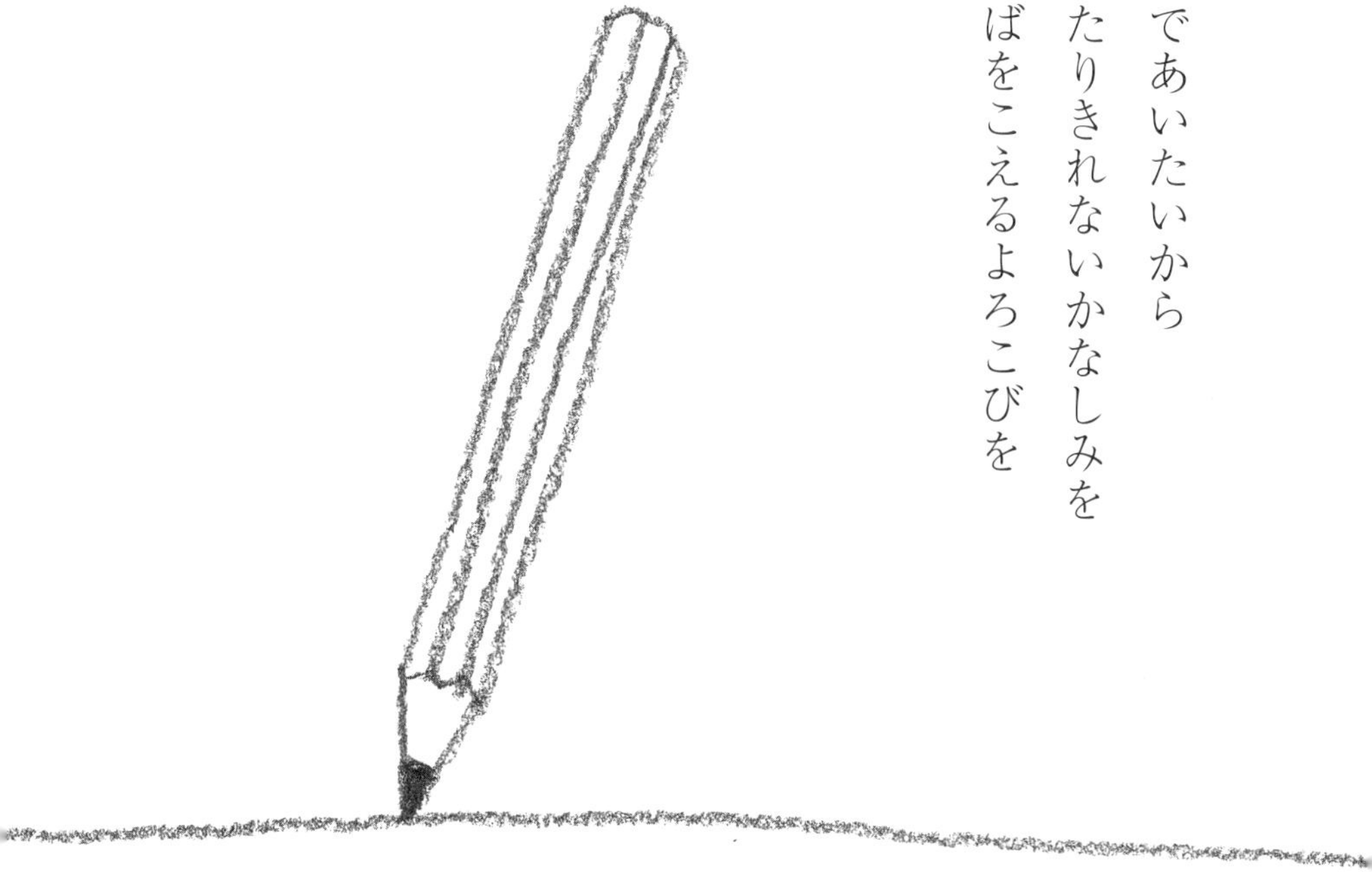

著者紹介

谷川俊太郎（たにかわしゅんたろう）

1931年東京生まれ、都立豊多摩高校定時制卒。17歳ころから友人の北川幸比古の影響で詩を書き始める。1952年最初の詩集『二十億光年の孤独』出版、以後詩だけではなく、歌の作詞、ラジオ・テレビ・映画・演劇の脚本、エッセー、絵本のテキスト創作や翻訳など、いわゆる物書きとしての仕事を続けるかたわら、谷川賢作、DiVa、小室等など他のアーティストと、自作朗読や対談などライブでコラボレーションすることも多い。www.tanikawashuntaro.com

---

下田昌克（しもだまさかつ）

1967年兵庫県生まれ。1994年から1996年まで世界を旅行。現地で出会った人々のポートレイトを描く。この旅の絵と日記をまとめた「PRIVATE WORLD」（山と渓谷社）をはじめ、「ヒマラヤの下インドの上」（河出書房新社）など著書多数。近著に谷川俊太郎さんとの絵本「あーん」（クレヨンハウス）と「ぶたラッパ」（そうえんしゃ）がある。最新刊は、自ら布を縫って制作した恐竜に、谷川俊太郎さんが詩を書き、藤代冥砂さんが写真を撮った『恐竜人間』（PARCO出版）。

NDC911
神奈川　銀の鈴社　2016
72頁　21cm（そして）

©本シリーズの掲載作品について、転載、付曲その他に利用する場合は、
著者と㈱銀の鈴社著作権部までおしらせください。
購入者以外の第三者による本書の電子複製は、認められておりません。

ジュニアポエムシリーズ　256　　2016年4月21日発行
本体1,600円＋税

そして

著　者　　詩・谷川俊太郎©　絵・下田昌克©
発行者　　柴崎聡・西野真由美
編集発行　㈱銀の鈴社 TEL 0467-61-1930　FAX 0467-61-1931
〒248-0005　神奈川県鎌倉市雪ノ下3-8-33
http://www.ginsuzu.com
E-mail info@ginsuzu.com

ISBN978－4－87786－260－2 C8092
落丁・乱丁本はお取り替え致します
印刷　電算印刷
製本　渋谷文泉閣

…ジュニアポエムシリーズ…

1 鈴木敏史詩集 宮下琢郎・絵 星の美しい村 ★☆
2 小池知子詩集 高志孝子・絵 おにわいっぱいぼくのなまえ ★☆
3 鶴岡千代子詩集 武田淑子・絵 白い虹 児文芸新人賞
4 楠木しげお詩集 久保雅勇・絵 カワウソの帽子
5 津坂治男詩集 垣内美穂・絵 大きくなったら ★◇
6 後藤れい子詩集 山本まつ子・絵 あくたれぼうずのかぞえうた
7 北村蔦子詩集 柿本幸造・絵 あかちんらくがき
8 吉田瑞穂詩集 吉田翠・絵 しおまねきと少年 ⛋★◎
9 新川和江詩集 葉祥明・絵 野のまつり ★☆
10 阪田寛夫詩集 織茂恭子・絵 夕方のにおい ◈★☆○
11 高田敏子詩集 若山憲・絵 枯れ葉と星 ★☆
12 原田直友詩集 吉田翠・絵 スイッチョの歌 ★◎
13 小林純一詩集 久保雅勇・絵 茂作じいさん ◉★☆●◎
14 谷川俊太郎詩集 長新太・絵 地球へのピクニック ★◎
15 与田準一詩集 深沢省三・深沢紅子・絵 ゆめみることば ★
16 岸田衿子詩集 中谷千代子・絵 だれもいそがない村
17 江間章子詩集 榊原直美・絵 水と風 ◇◎
18 原田直友詩集 小野まり・絵 虹―村の風景― ★
19 福田正夫詩集 福田達夫・絵 星の輝く海 ★☆
20 草野心平詩集 長野ヒデ子・絵 げんげと蛙 ★☆○◇
21 宮田滋子詩集 青木まさる・絵 手紙のおうち ☆○
22 久保田昭三詩集 斎藤彬子・絵 のはらでさきたい
23 鶴岡千代子詩集 加倉井和夫・武田淑子・絵 白いクジャク ★●
24 尾上尚子詩集 まど・みちお・絵 そらいろのビー玉 ★☆ 児文協新人賞
25 水上紅詩集 深沢紅子・絵 私のすばる ☆
26 野呂昶詩集 福島二三・絵 おとのかだん ★
27 こやま峰子詩集 武田淑子・絵 さんかくじょうぎ ☆
28 青戸かいち詩集 駒宮録郎・絵 ぞうの子だって
29 まきたかし詩集 福田達夫・絵 いつか君の花咲くとき ★☆♡
30 薩摩忠詩集 駒宮録郎・絵 まっかな秋 ★☆♡
31 新川和江詩集 福島二三・絵 ヤァ!ヤナギの木 ★☆○♡
32 井上靖詩集 駒宮録郎・絵 シリア沙漠の少年 ★☆♡
33 古村徹三詩・絵 笑いの神さま
34 江上波夫詩集 青空風太郎・絵 ミスター人類 ○☆
35 秋原秀夫詩集 鈴木義治・絵 風の記憶 ★◎
36 水村三千夫詩集 武田淑子・絵 鳩を飛ばす
37 久冨純江詩集 渡辺安芸夫・絵 風車 クッキングポエム
38 日野生三詩集 吉野晃希男・絵 雲のスフィンクス ★
39 佐藤雅子詩集 佐藤太清・広瀬きよみ・絵 五月の風 ★
40 小黒恵子詩集 武田淑子・絵 モンキーパズル ★
41 木村信子詩集 山本典子・絵 でていった
42 中野栄子詩集 吉田翠・絵 風のうた ☆
43 宮田滋子詩集 牧村慶子・絵 絵をかく夕日 ★
44 大久保ティ子詩集 渡辺安芸夫・絵 はたけの詩 ★☆
45 秋原秀夫詩集 赤星亮衛・絵 ちいさなともだち ♥

☆日本図書館協会選定
★全国学校図書館協議会選定(SLA)
□少年詩賞 ▣茨城県すいせん図書
○厚生省中央児童福祉審議会すいせん図書
●日本童謡賞 ♧岡山県選定図書
♡日本子どもの本研究会選定
♥秋田県選定図書
♣愛媛県教育会すいせん図書
◇岩手県選定図書
◆京都府選定図書
⛋芸術選奨文部大臣賞
◉赤い鳥文学賞 ◈赤い靴賞

…ジュニアポエムシリーズ…

46 日友靖子詩集 藤城清治・安西明美・絵 猫曜日だから ◆☆
47 秋葉てる代詩集 武田淑子・絵 ハープムーンの夜に ♡
48 こやま峰子詩集 山本省三・絵 はじめのいーっぽ ★♡
49 黒柳啓子詩集 金子滋・絵 砂かけ狐 ♡
50 三枝ますみ詩集 武田淑子・絵 ピカソの絵 ☆♡●
51 夢虹二詩集 武田淑子・絵 とんぼの中にぼくがいる ♡○♥
52 はたちよしこ詩集 まど・みちお・絵 レモンの車輪 □♧
53 大岡信詩集 葉祥明・絵 朝の頌歌 ★☆♡♥◎
54 吉田瑞穂詩集 吉田翠・絵 オホーツク海の月 ★☆♡
55 さとう恭子詩集 村上保・絵 銀のしぶき ★☆♡
56 星乃ミミナ詩集 葉祥明・絵 星空の旅人 ★☆♡
57 葉祥明 詩・絵 ありがとう そよ風 ★♡▲
58 青戸かいち詩集 初山滋・絵 双葉と風
59 小野ルミ詩集 和田誠・絵 ゆきふるるん ★☆●♡
60 なぐもはるき 詩・絵 たったひとりの読者 ★♡♧

61 小関秀夫詩集 小倉玲子・絵 風《かざ》栞《しおり》 ★♡♥
62 海沼松世詩集 守下さおり・絵 かげろうのなか ☆♡
63 山本龍生詩集 小倉玲子・絵 春行き一番列車 ♡
64 小泉周二詩集 深沢省三・絵 こもりうた ★☆♡
65 かわてせいぞう詩集 若山憲・絵 野原のなかで ♡★♥
66 えぐちまき詩集 赤星亮衛・絵 ぞうのかばん ♡◆♥
67 池田あきつ詩集 小倉玲子・絵 天気雨 ♡
68 藤井則行詩集 君島美知子・絵 友へ ♡♤
69 藤哲生詩集 武田淑子・絵 秋いっぱい ★♠
70 日友靖子詩集 深沢紅子・絵 花天使を見ましたか ★
71 吉田瑞穂詩集 吉田翠・絵 はるおのかきの木 ★
72 小島禄琅詩集 中村陽子・絵 海を越えた蝶 ☆★♥♡
73 にしおまさこ詩集 杉田幸子・絵 あひるの子 ★
74 山下竹二詩集 徳田徳志芸・絵 レモンの木 ★
75 高崎乃理子詩集 奥山英俊・絵 おかあさんの庭 ★♡

76 檜きみこ詩集 広瀬弦・絵 しっぽいっぽん ★●□☆♡
77 たかはしけいこ詩集 高田三郎・絵 おかあさんのにおい ♡♣□
78 星乃ミミナ詩集 深澤邦朗・絵 花かんむり ♥☆♡
79 佐藤照雄詩集 津波信久・絵 沖縄 風と少年 ☆♡★
80 相馬梅子詩集 やなせたかし・絵 真珠のように ♥★
81 小島禄琅詩集 深沢紅子・絵 地球がすきだ ★
82 鈴木美智子詩集 黒澤梧郎・絵 龍のとぶ村 ◇★♥
83 いがらしれいこ詩集 高田三郎・絵 小さなてのひら ☆
84 宮入黎子詩集 小倉玲子・絵 春のトランペット ☆★
85 下田喜久美詩集 方振寧・絵 ルビーの空気をすいました ☆
86 野呂昶詩集 方振寧・絵 銀の矢ふれふれ ★
87 ちよはらまちこ詩集 ちよはらまちこ・絵 パリパリサラダ ★
88 秋原秀夫詩集 徳田徳志芸・絵 地球のうた ☆★
89 中島あやこ詩集 井上緑・絵 もうひとつの部屋 ★
90 藤川こうのすけ詩集 葉祥明・絵 こころインデックス ☆

✲サトウハチロー賞　✢毎日童謡賞
☼三木露風賞
♤福井県すいせん図書
▲神奈川県児童福祉審議会推薦優良図書
♠奈良県教育研究会すいせん図書
♧北海道選定図書　⊛三越左千夫少年詩賞
◈静岡県すいせん図書
◎学校図書館図書整備協会選定図書（SLBA）

…ジュニアポエムシリーズ…

- 91 新井 和・詩集 高田 三郎・絵 おばあちゃんの手紙 ☆★
- 92 はなわたえこ・詩集 えばとかつこ・絵 みずたまりのへんじ ★●
- 93 柏木恵美子・詩集 武田 淑子・絵 花のなかの先生 ☆
- 94 中原千津子・詩集 寺内 直美・絵 鳩への手紙 ★
- 95 髙瀬美代子・詩集 小倉 玲子・絵 仲なおり ★
- 96 杉本深由起・詩集 若山 憲・絵 トマトのきぶん ☆★◎ 児文芸新人賞
- 97 宍倉さとし・詩集 守下さおり・絵 海は青いとはかぎらない ❀
- 98 石井 英行・詩集 有賀 忍・絵 おじいちゃんの友だち ■
- 99 なかのひろ・詩集 アサト・シェラ・絵 とうさんのラブレター ☆★
- 100 小松 静江・詩集 藤川 秀之・絵 古自転車のバットマン
- 101 石原 一輝・詩集 加藤 真夢・絵 空になりたい ☆❀★
- 102 小泉 周二・詩集 西 真里子・絵 誕生日の朝 ☆■★
- 103 くすのきしげのり童謡 わたなべあきお・絵 いちにのさんかんび ☆★
- 104 成本 和子・詩集 小倉 玲子・絵 生まれておいで ☆★❀ ♡❀
- 105 伊藤 政弘・詩集 小倉 玲子・絵 心のかたちをした化石 ★
- 106 川崎 洋子・詩集 井戸 妙子・絵 ハンカチの木 □★☆
- 107 柘植 愛子・詩集 油野 誠一・絵 はずかしがりやのコジュケイ ❀
- 108 新谷智恵子・詩集 葉 祥明・絵 風をください ☆◇✿ ●♡✣
- 109 金親 尚子・詩集 牧 進・絵 あたたかな大地 ☆
- 110 黒柳 啓子・詩集 吉田 翠・絵 父ちゃんの足音 ☆★ ♡□
- 111 富田 栄子・詩集 油野 誠一・絵 にんじん笛 ♡☆
- 112 原 国子・詩集 高畠 純・絵 ゆうべのうちに ☆
- 113 宇部 京子・詩集 スズキコージ・絵 よいお天気の日に ○□● ☆◇★
- 114 武鹿 悦子・詩集 牧野 鈴子・絵 お花見 ☆□
- 115 山本なおこ・詩集 梅田 俊作・絵 さりさりと雪の降る日 ☆★
- 116 小林比呂古・詩集 おおた慶文・絵 ねこのみち ☆
- 117 後藤れい子・詩集 渡辺あきお・絵 どろんこアイスクリーム ☆
- 118 重清 良吉・詩集 高田 三郎・絵 草の上 ☆□❀ ◆★
- 119 宮中 雲子・詩集 西 真里子・絵 どんな音がするでしょか ✲★
- 120 前山 敬子・詩集 若山 憲・絵 のんびりくらげ ☆★
- 121 川端 律子・詩集 若山 憲・絵 地球の星の上で ♡
- 122 たかはしけいこ・詩集 織茂 恭子・絵 とうちゃん ♡❀♣ ★
- 123 宮田 滋子・詩集 深澤 邦朗・絵 星の家族 ☆●
- 124 国沢たまき・詩集 唐沢 静・絵 新しい空がある
- 125 池田あきつ・詩集 小倉 玲子・絵 かえるの国 ★
- 126 黒田 恵子・詩集 倉島千賀子・絵 ボクのすきなおばあちゃん ☆★♡
- 127 垣内 磯子・詩集 宮崎 照代・絵 よなかのしまうまバス ☆♡★
- 128 小泉 周二・詩集 佐藤 平八・絵 太陽へ ❀★● ☆♡
- 129 中島 和子・詩集 秋里 信子・絵 青い地球としゃぼんだま ☆★
- 130 のろさかん・詩集 福島一二三・絵 天のたて琴 ☆
- 131 加藤 丈夫・詩集 葉 祥明・絵 ただ今受信中 ☆★
- 132 北原 悠子・詩集 深沢 紅子・絵 あなたがいるから ♡
- 133 池田もと子・詩集 小倉 玲子・絵 おんぷになって ♡
- 134 鈴木 初江・詩集 吉田 翠・絵 はねだしの百合 ★
- 135 垣内 磯子・詩集 今井 俊・絵 かなしいときには ★

△長野県教育委員会すいせん図書　☆㈶日本動物愛護協会推薦図書
◈茨城県推奨図書

…ジュニアポエムシリーズ…

136 秋葉てる代詩集 やなせたかし・絵 おかしのすきな魔法使い ●★
137 青戸かいち詩集 永田萠・絵 小さなさようなら ❁★
138 柏木恵美子詩集 高田三郎・絵 雨のシロホン ♡★
139 藤井則行詩集 阿見みどり・絵 春 だ か ら ♡★◎
140 黒田勲子詩集 山中冬二・絵 いのちのみちを
141 南郷芳明詩集 的場豊子・絵 花 時 計
142 やなせたかし 詩・絵 生きているってふしぎだな
143 内田麟太郎詩集 斎藤隆夫・絵 うみがわらっている
144 しまざきふみ詩集 島崎奈緒・絵 こねこのゆめ ♡
145 糸永えつこ詩集 武井武雄・絵 ふしぎの部屋から ♡
146 石坂きみこ詩集 鈴木英二・絵 風 の 中 へ ♡
147 坂本のこ詩集 坂本こう・絵 ぼくの居場所 ♡
148 島村木綿子 詩・絵 森 の た ま ご ❁
149 楠木しげお詩集 わたせせいぞう・絵 まみちゃんのネコ ★
150 牛尾良子詩集 上矢津・絵 おかあさんの気持ち ♡

151 三越左千夫詩集 阿見みどり・絵 せかいでいちばん大きなかがみ ★
152 水村三千夫詩集 高見八重子・絵 月と子ねずみ
153 川越文子詩集 横松桃子・絵 ぼくの一歩 ふしぎだね ★
154 すずきゆかり詩集 葉祥明・絵 まっすぐ空へ
155 西田純詩集 葉祥明・絵 木の声 水の声
156 清野倭文子詩集 水科舞・絵 ちいさな秘《ひ》密《みっ》
157 川奈静詩集 直江みちる・絵 浜ひるがおはパラボラアンテナ ★◎
158 若木良水詩集 西真里子・絵 光と風の中で
159 牧陽子詩集 渡辺あきお・絵 ね こ の 詩 ★◎
160 宮田滋子詩集 阿見みどり・絵 愛 一 輪 ★◎
161 井上灯美子詩集 唐沢静・絵 ことばのくさり ☆●
162 滝波万理子詩集 滝波裕子・絵 みんな王《おう》様《さま》 ★●
163 冨岡みち詩集 関口コオ・絵 かぞえられへん せんぞさん ★
164 垣内磯子詩集 辻恵子・切り絵 緑色のライオン ★◎
165 すぎもとれいこ詩集 平井辰夫・絵 ちょっといいことあったとき ★

166 岡田喜代子詩集 おぐらひろかず・絵 千 年 の 音 ★☆◎
167 川奈静詩集 直江みちる・絵 ひもの屋さんの空 ★◎☆♥♡
168 鶴岡千代子詩集 武田淑子・絵 白 い 花 火 ★☆
169 井上灯美子詩集 唐沢静・絵 ちいさい空をノックノック ★◎☆
170 尾崎杏子詩集 ひなた山すじゅう郎・絵 海辺のほいくえん ☆♡★◎
171 柘植愛子詩集 やなせたかし・絵 たんぽぽ線路 ☆♡★◎●
172 小林比呂古詩集 うめざわのりお・絵 横須賀スケッチ ☆★◎♡▲
173 林佐知子詩集 串田敦子・絵 きょうという日 ☆★◎♡▲
174 後藤基宗子詩集 岡澤由紀子・絵 風とあくしゅ ☆♥★◎♡
175 土屋律子詩集 高瀬のぶえ・絵 るすばんカレー ☆♡★◎▲
176 三輪アイ子詩集 深沢邦朗・絵 かたぐるましてよ ★☆♡
177 田辺瑞美子詩集 西真里子・絵 地 球 賛 歌 ☆★◎
178 高瀬美代子詩集 小倉玲子・絵 オカリナを吹く少女 ☆♡
179 中野惠子詩集 串田敦子・絵 コロボックルでておいで ★♡☆●
180 松井節子詩集 阿見みどり・絵 風が遊びにきている ★☆♡▲

…ジュニアポエムシリーズ…

181 新谷智恵子詩集・徳田徳志芸・絵　とびたいペンギン　佐世保文学賞　♡★◎▲
182 牛尾良子詩集・牛尾征治・写真　庭のおしゃべり　♡★◎
183 三枝ますみ詩集・高見八重子・絵　サバンナの子守歌　☆★
184 佐藤雅子詩集・佐藤太清・菊池治子・絵　空の牧《まき》場《ば》　☆★♡■◎◈
185 山内弘子詩集・おぐらひろかず・絵　思い出のポケット　♡★●
186 山内弘子詩集・阿見みどり・絵　花の旅人　♡★▲
187 原国子詩集・牧野鈴子・絵　小鳥のしらせ　♡★△◎
188 人見敬子詩・絵　方《はこ》舟《ぶね》地球号—いのちは元気—　♡★◎
189 林佐知子詩集・串田敦子・絵　天にまっすぐ　★☆♡◎
190 小臣富子詩集・渡辺あきお・絵　わんさかわんさかどうぶつさん　✡♡★◎
191 川越文子詩集・かまだちえみ・写真　もうすぐだからね　♡★◎
192 永田喜久男詩集・武田淑子・絵　はんぶんごっこ　☆★◎♡
193 吉田房子詩集・大和田明代・絵　大地はすごい　★◎♡
194 石井春香詩集・高見八重子・絵　人魚の祈り　★♡
195 石原一輝詩集・小倉玲子・絵　雲のひるね　♡
196 たかはしけいこ詩集・髙橋敏彦・絵　そのあと　ひとは　★
197 宮田滋子詩集・おおた慶文・絵　風がふく日のお星さま　★♡◎
198 渡辺恵美子詩集・つるみゆき・絵　空をひとりじめ　★♡●
199 宮中雲子詩集・西真里子・絵　手と手のうた　★
200 杉本深由起詩集・太田大八・絵　漢字のかんじ　★♡❁
201 井上灯美子詩集・唐沢静・絵　心の窓が目だったら　★♡
202 峰松晶子詩集・おおた慶文・絵　きばなコスモスの道　★♡
203 高橋文子詩集・山中桃子・絵　八丈太鼓　★♡
204 長野貴子詩集・武田淑子・絵　星座の散歩　★♡
205 江口正子詩集・高見八重子・絵　水の勇気　♡☆★
206 藤本美智子詩・絵　緑のふんすい　☆♡★
207 林佐知子詩集・串田敦子・絵　春はどどど　♡★◎
208 小関秀夫詩集・阿見みどり・絵　風のほとり　☆♡★
209 宗美津子詩集・宗信寛・絵　きたのもりのシマフクロウ　♡★
210 かわてせいぞう詩集・髙橋敏彦・絵　流れのある風景　☆♡★
211 土屋律子詩集・高瀬のぶえ・絵　ただいまぁ　★♡☆◎
212 永田喜久男詩集・武田淑子・絵　かえっておいで　☆♡★
213 みたみちこ詩集・牧進・絵　いのちの色　♡★
214 糸永えつこ詩集・糸永わかこ・絵　母です　息子です　おかまいなく　♡☆★
215 宮田滋子詩集・武田淑子・絵　さくらが走る　♡☆★●
216 柏木恵美子詩集・吉野晃希男・絵　ひとりぼっちの子クジラ　♡★◎
217 江口正子詩集・高見八重子・絵　小さな勇気　♡☆★
218 井上灯美子詩集・唐沢静・絵　いろのエンゼル　★♡
219 中島あやこ詩集・日向山寿十郎・絵　駅伝競走　★☆♡
220 高橋孝治詩集・高見八重子・絵　空の道　心の道　★♡
221 江口正子詩集・日向山寿十郎・絵　勇気の子　♡☆★
222 宮田滋子詩集・牧野鈴子・絵　白鳥よ　☆★
223 井上良子詩集・銅版画　太陽の指環　★
224 川越文子詩集・山中桃子・絵　魔法のことば　♡☆★
225 西本みさこ詩集・上司かのん・絵　いつもいっしょ　☆♡

…ジュニアポエムシリーズ…

226 おばらいちこ詩集 髙見八重子・絵 ぞうのジャンボ ☆★♡
227 吉田房子詩集 本田あまね・絵 まわしてみたい石臼 ★♡
228 吉田房子詩集 阿見みどり・絵 花 詩 集 ★♡◎
229 田中たみ子詩集 唐沢静・絵 へこたれんよ ★◎
230 林佐知子詩集 串田敦子・絵 この空につながる ★♡
231 藤本美智子 詩・絵 心のふうせん ★♡
232 火星雅範詩集 西川律子・絵 ささぶねうかべたよ ★♡▲
233 吉田房子詩集 岸田歌子・絵 ゆりかごのうた ★♡
234 むらかみみちこ詩集 むらかみみちこ むらかみあくる・絵 風のゆうびんやさん ★♡
235 白谷玲花詩集 阿見みどり・絵 柳川白秋めぐりの詩 ★♡
236 ほさかとしこ詩集 内山つとむ・絵 神さまと小鳥 ★☆♡
237 内田麟太郎詩集 長野ヒデ子・絵 まぜごはん ☆★◎♡
238 小林比呂古詩集 出口雄大・絵 きりりと一直線 ♡★
239 牛尾良子詩集 おぐらひろかず・絵 うしの土鈴とうさぎの土鈴 ★◎♡
240 山本純子詩集 ルイコ・絵 ふ ふ ふ ★♡☆◎
241 神田亮 詩・絵 天使の翼 ★☆♡
242 かんざわみえ詩集 阿見みどり・絵 子供の心大人の心さ迷いながら ☆★◎
243 永田喜久男詩集 内山つとむ・絵 つながっていく ★☆♡
244 浜野木碧 詩・絵 海原散歩 ☆★◎♡
245 やまうち・しゅうへい詩集 山本省三・絵 風のおくりもの ☆★◎♡
246 すぎもとれいこ 詩・絵 てんきになあれ ★
247 冨岡みち詩集 加藤真夢・絵 地球は家族 ひとつだよ ♡☆
248 北野千賀詩集 滝波裕子・絵 花束のように ♡☆★
249 石原一輝詩集 加藤真夢・絵 ぼくらのうた ♡★
250 土屋律子詩集 高瀬のぶえ・絵 まほうのくつ ♡☆
251 津坂治男詩集 井上良子・絵 白い太陽 ☆♡
252 石井英行詩集 よしだちなつ・表紙絵 野原くん ☆★♡
253 井上灯美子詩集 唐沢静・絵 たからもの ☆♡
254 大竹典子詩集 加藤真夢・絵 おたんじょう ☆
255 たかはしけいこ詩集 織茂恭子・絵 流れ星
256 谷川俊太郎詩集 下田昌克・絵 そ し て
257 なんば・みちこ詩集 布下満・絵 トックントックン 大空で大地で
258 宮本美智子詩集 阿見みどり・絵 夢の中に そっと

＊刊行の順番はシリーズ番号と異なる場合があります。

ジュニアポエムシリーズは、子どもにもわかる言葉で真実の世界をうたう個人詩集のシリーズです。

本シリーズからは、毎回多くの作品が教科書等の掲載詩に選ばれており、1974年以来、全国の小・中学校の図書館や公共図書館等で、長く、広く、読み継がれています。

心を育むポエムの世界。

一人でも多くの子どもや大人に豊かなポエムの世界が届くよう、ジュニアポエムシリーズはこれからも小さな灯をともし続けて参ります。

銀の小箱シリーズ

葉 祥明 詩・絵　小さな庭
若山 憲 詩・絵　白い煙突
こばやしひろこ・詩　うめざわのりお・絵　みんななかよし
江口正子・詩　油野誠一・絵　みてみたい
やなせたかし 詩・絵　あこがれよなかよくしよう
冨岡みち・詩　関口コオ・絵　ないしょやで
小林比呂古・詩　神谷健雄・絵　花かたみ
小泉周二・詩　辻 友紀子・絵　誕生日・おめでとう
柏原耿子・詩　阿見みどり・絵　アハハ・ウフフ・オホホ★♡▲
こばやしひろこ・詩　うめざわのりお・絵　ジャムパンみたいなお月さま★

すずのねえほん

たかはしけいこ・詩　中釜浩一郎・絵　わたし★◎
尾上尚子・詩　小倉玲子・絵　ぽわぽわん
糸永えつこ・詩　高見八重子・絵　はる なつ あき ふゆ もうひとつ★ 児文芸新人賞
山口敦子・詩　高橋宏幸・絵　ばあばとあそぼう
あらい・まさはる・童謡　しのはられみ・絵　けさいちばんのおはようさん
佐藤雅子・詩　佐藤太清・絵　こもりうたのように● 日本童謡賞　美しい日本の12ヵ月
柏木隆雄・詩　やなせたかし他・絵　かんさつ日記★♡

アンソロジー

渡辺浦人・編　村上 保・絵　赤い鳥 青い鳥●
わたげの会・編　渡辺あきお・絵　花ひらく★
西木曜会・編　真里子・絵　いまも星はでている★
西木曜会・編　真里子・絵　いったりきたり♡
西木曜会・編　真里子・絵　宇宙からのメッセージ
西木曜会・編　真里子・絵　地球のキャッチボール★◎
西木曜会・編　真里子・絵　おにぎりとんがった☆★◎
西木曜会・編　真里子・絵　みぃーつけた♡★◎
西木曜会・編　真里子・絵　ドキドキがとまらない
西木曜会・編　真里子・絵　神さまのお通り★
西木曜会・編　真里子・絵　公園の日だまりで★♡

掌の本　アンソロジー

こころの詩Ⅰ
しぜんの詩Ⅰ
いのちの詩Ⅰ
ありがとうの詩Ⅰ
詩集　希望
詩集　家族
いのちの詩集―いきものと野菜
ことばの詩集―方言と手紙
詩集―夢・おめでとう
詩集―ふるさと・旅立ち

心に残る本を　そっとポケットに　しのばせて…
・A7判（文庫本の半分サイズ）　・上製、箔押し